介護のイメージ アップデートしませんか

知っておきたい「生協10の基本ケア®」

監修　一般社団法人 全国コープ福祉事業連帯機構
編著　「生協10の基本ケア®」スタートブック編集委員会

クリエイツかもがわ
CREATES KAMOGAWA

はじめに

　人生100年。今、日本の100歳長寿は9万人を超えています。平均寿命より長生きですね。
　いわゆる平均寿命は、0歳の赤ちゃんの平均余命です。歳を重ねるにつれ10年ごとに2～3歳延びるといわれています。私たちは平均寿命より長生きするもの、まずはそう心得ておきましょう。
　よく、「健康寿命を延ばしてピンピンコロリ」という声を耳にしますが、健康寿命が延びれば平均寿命も延びます。ですから、「ピンピンコロリはむずかしい」ことも前提に、老い先を考えましょう。

　いくら健康づくりに励んでも、「要介護になるか・ならないか」は自分では決められません。けれども、「介護に備えるか・備えないか」は自分で決められます。
　今、介護についてポジティブに学び、理解し、備えるときではないでしょうか。

　日本の超高齢社会は、おそらく半世紀以上先まで続きます。
　2040年を過ぎると、65歳以上の高齢者人口がピークになるといわれています。今40代の人たちが高齢者になるころです。さらに先、今20代の若者たちが高齢者になるころ、高齢化率は40％近くになります。
　介護は、今の高齢者以上に、若者の未来の大きな課題になりそうです。

　そんな時代を目前に、食の安全・安心を誇る生活協同組合（以下、生協）がくらしの安全・安心にも大きな一歩を踏み出しました。本書で紹介する「生協10の基本ケア®」は、誰にでも訪れる老い・衰えを前提に、全国の生協を束ねる日本生活協同組合連合会（以下、日本生協連）が2018年から生協の福祉ブランドとして展開している、くらしに寄り添う介護の考え方とケアスキルの提案です。

素人から専門職まで、介護を受ける側であれ、介護をする側であれ、くらしの場で共有できる大切な備え、介護の基本です。一緒に学んでみませんか。

　そして、介護に直面しても安心してくらせる、そんな社会をめざしませんか。
　老い・衰え、認知症になっても、身体が不自由になっても安心してくらせる社会は、バリバリ働く健常者にとっても、エネルギッシュな若者にとっても、元気な子どもたちにとっても、くらしやすい社会のはずです。
　「生協10の基本ケア®」の広がりは、そんな未来社会を育む力になります。

　これから、「生協10の基本ケア®」を合言葉に、できるだけ多くの人々と、ともに学び合い、歩んでいければと思います。

2025年3月

執筆者一同

介護のイメージ アップデートしませんか　もくじ

はじめに　2
序章　愛情より 根性より 知識！　7

1 換気をする
──「窓を開ける」…12

- 元気なときから知っておくこと・できること　13
- 皮膚は第三の脳　14

2 床に足をつけて座る …16

- 元気なときから知っておくこと・できること　17
- 足の裏が床につくための大切なポイント　18
- 骨盤を立てる　18
- イスからの立ち上がり　19
- 引っ張り立ちはあぶない　20
- ベッドからの立ち上がり　21
- おじぎ体操　22
- 尻上げ体操　23
- 車イスは、イスじゃない　24
- 立ち上がりを妨げるソファ　24

3 トイレに座る …26

- 元気なときから知っておくこと・できること　27
- オムツと皮膚　28
- 認知症の「困った」　28
- 排せつの環境づくり　29
- 腸内環境　29
- トイレの環境　30
- トイレ介助の一例　31

4 あたたかい食事をする …34

- 元気なときから知っておくこと・できること　35
- 口から食べる　35

- 食事づくりと口腔ケア　36
- 噛む力、噛む楽しみ　37
- 「自分で食べる」を支える自助具　38
- 〈できる可能性〉を追求する
  ＝在宅を支えるケアプラン　38
- 食事介助の留意点　39
- オーラルフレイルを防ごう　40
- 認知症と食事　42

5　家庭浴に入る　…44

- 元気なときから知っておくこと・できること　45
- 入浴による身体的効果　45
- 入浴に伴うリスク　46
- 快適なお風呂のために　46
- 機械浴はやめよう　48
- 自立支援ができるお風呂　49
- 要介護5から回復　50

6　座って会話をする　…54

- 元気なときから知っておくこと・できること　55
- ひとり暮らし　55
- セルフネグレクト　56
- 知っておきたい「音環境」　57
- 認知症のある人と座って会話をする　58

7　町内にお出かけをする　…64

- 元気なときから知っておきたい、きょういく・きょうよう　65
- お出かけと車イス　65
- トイレ、どこ？　66
- どこを押したら流れるの？　67
- エスカレーター、片側空けはマナー？　67
- 電車の車内放送　68
- 急かさず、ゆっくり　68
- 見守りのある地域社会へ　69

8 夢中になれることをする …71

- 元気なときから知っておくこと・できること　72
- 集中力を発揮する　72
- フィットネスジムで黙々と…？　73
- デイサービスのレクリエーション　74
- レクリエーション「うちわパタパタ」ゲーム　74

9 ケア会議をする …77

- 要介護者は迷惑？　78
- 権利意識のアップデート　78
- 元気なときから知っておくこと・できること　78
- 家族のための会議ではない　80
- アセスメント　80
- ケア会議、たとえば…　81
- 自宅が拠点の介護サービス　82
- 施設入所の前に…　83

10 ターミナルケアをする …85

- 元気なときから知っておくこと・できること　86
- 救急車で運ばれた伊藤さん　87
- 「延命はいりません」？　88
- 「意向伺い書」　89

終章　尊厳を護る　自立を支援する　在宅を支援する　92
編集にあたって　96

「認知症とスティグマ」 …60

- 「スティグマ」でとらえないで　60
- 「ニンチ」って言わないで　61
- 「問題行動」って言わないで　61
- 「認知症」の理解へ　62

序章
愛情より
根性より
知識！

　介護の不安、ありますか。負担感ばかりが頭をよぎり、暗いイメージに覆われていませんか。「要介護になったら、人生終わり」なんて思っていませんか。

　そんなことはありません。介護の考え方やケアスキルには、実は、介護予防、重度化予防、負担軽減、要介護度改善など、不安を払拭する知識がたくさん詰まっています。介護の不安を払拭するには、どうしてもこうした知識が必要です。ところが、私たちはそれらを学ぶ機会がありません。

　そこで本書は、「生協10の基本ケア®」で学び合うことを提案します。元気なうちから学べる介護の考え方とケアスキルです。

　「生協10の基本ケア®」には、3つの大切、「尊厳を護（まも）る・自立を支援する・在宅を支援する」という考え方があります。その考え方に沿って、できる限り自立したくらしを続けましょう。

自立 → 快適 → 安全 → 自律

みなさんは、自立について考えてみたことはありますか。

ふだん、ほとんど意識することのない自立について、介護のプロが要介護者に用いる視点、〈安全・快適・自立／自律〉を元気な自分に応用して考えてみましょう。今のくらしをスタート地点とする【自立→快適→安全→自律】のサイクルです。

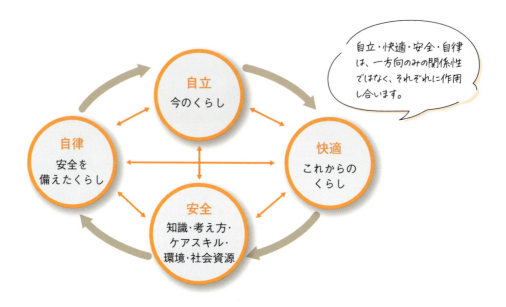

自立・快適・安全・自律は、一方向のみの関係性ではなく、それぞれに作用し合います。

■ **自立**：今のくらしをスタート地点とします。

誰もが、自分の人生で今が一番若いとき。どんなに元気な人でも、いつか必ず、老い・衰えます。その将来を見据えて考えてみましょう。

■ **快適**：今が快適ならば、将来にわたってその持続が一番大切です。より快適なくらしを追求することも〈自立〉を維持する原動力になります。

■ **安全**（ここがポイント！ ここが知識！）：〈自立〉や〈快適〉を維持するには、それらを脅かす不安や脅威に対処する備えが必要です。それが〈安全〉です。老い・衰えに伴う身体的・精神的変化、生活環境の整備、介護保険制度や社会資源、地域資源などを活用する知識が〈自立〉と〈快適〉を支えます。とりわけ、介護の考え方とケアス

キルは大切で、介護する人と介護を受ける人が共有しておきたい知識です。

「生協10の基本ケア®」は、こうした知識が介護（介護予防）に不可欠であることを教えてくれます。

■ **自律**：〈安全〉のための知識を備えることで、自分のくらしを適切に律することができます。その〈自律〉が〈自立〉を保ち、〈快適〉なくらしの維持につながり、【自立→快適→安全→自律】のサイクルを続けていくことになります。

「生協10の基本ケア®」

では、あらためて「生協10の基本ケア®」とは何でしょうか。

文字にすると、たったこれだけです（表）。たったこれだけですが、介護予防、重度化予防、負担軽減、要介護度改善につながるケアの本質が詰まっています。

表）「生協10の基本ケア®」

① 換気をする	①〜⑤ くらしの基本、 日常生活動作	⑥ 座って会話をする	⑥〜⑧ いつものくらしが 大切
② 床に足をつけて座る		⑦ 町内にお出かけをする	
③ トイレに座る		⑧ 夢中になれることをする	
④ あたたかい食事をする		⑨ ケア会議をする	⑨⑩ 私が人生の主人公
⑤ 家庭浴に入る		⑩ ターミナルケアをする	

介護は、ふだんのくらしに即して展開されます。

表の①〜⑧は、ふだんのくらし、そのままだと思いませんか。

⑨と⑩は、「今日のお昼はラーメンにしよう」「金曜の夜は野球観戦。土曜日は家でのんびりするわ」など、日々の小さな自己決定の連続がくらしを彩るように、自分らしく生きる権利性に根差して展開しています。

もともと「10の基本ケア」は、介護をする側、専門職のためのケアスキルとしてまとめられました。実践を重ねるにつれ、介護をする人と介護を受ける人とがともにその知識・理論、身体の動かし方などを知っておくこと、共有しておくことが、互いの負担を

大きく軽減するなどの理解が進んできました。「生協10の基本ケア®」を学んだ人たち、特に家族介護を経験した人たちからは、「もっと早くから知っていたらよかった」という声が聞かれます。

　日本生協連と厚生労働省老人保健健康増進等事業の調査「在宅生活を支える重度化予防のためのケアとその効果についての既存指標を用いた調査研究報告書」(2019年3月)でも、介護予防、重度化予防、負担軽減、要介護度改善など、ポジティブな要素が確認されています。

　介護の不安をかかえる多くの人に、ぜひ「生協10の基本ケア®」を知ってほしいと思います。

　人は、必ず歳をとります。介護をする人も、介護を受ける人も、介護に縁がない人も、「生協10の基本ケア®」を学んで、備えて、介護の不安を乗り越えましょう。堂々と老い・衰え、認知症になっても、身体が不自由になっても、自分らしい人生を全うしましょう。

「あすなら10の基本ケア」に学ぶ

　「生協10の基本ケア®」は、社会福祉法人協同福祉会（通称「あすなら」）の実践「あすなら10の基本ケア」からはじまっています。

　「あすなら」が最初に開設したあすなら苑（特別養護老人ホーム）は、1999年9月に「市民生協ならコープ」を母体に組合員の募金によって誕生しました。

　そのほか「あすなら」には、「かんざん園」「あすならホーム」「あすならハイツ」「あすなら保育園」「あすなら学童保育所」などの介護・看護、保育の事業所があります。現在は、定期巡回・随時対応型訪問介護看護、小規模多機能型居宅介護、看護小規模多機能型居宅介護など、在宅を支援する地域密着型サービスに力を注ぎ、「自宅で最期まで」を支援しています。

　また、市民参加型福祉を実現するために、「あすなら友の会（学習・募金・広報など）」「まちかどネット（事業所サポーター）」「春・秋のあすなら学習会」「あすならサロン食事会」「あすならこども広場（こども食堂）」などの取り組みも行うなど、元気なうちから「あすなら10の基本ケア」の実践を進めています。

　日本生協連は、これらの実践を踏まえ、「生協10の基本ケア®」として全国に普及することを決めました。2018年5月、「生協10の基本ケア®」をプレスリリースし、全国の生協に「生協10の基本ケア®」チャレンジ宣言を呼びかけました。今では、市民生協、医療生協、社会福祉法人など45法人がチャレンジ宣言に取り組んでいます（2025年2月28日現在）。

　2022年には、一般社団法人全国コープ福祉事業連帯機構が設立され、一層その取り組みは広がりを見せています。

1 換気をする

2 床に足をつけて座る

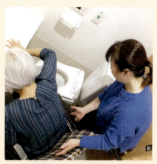
3 トイレに座る

4 あたたかい食事をする

「生協 10 の基本ケア®」
image update

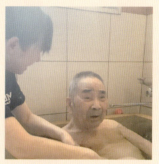
5 家庭浴に入る

6 座って会話をする

7 町内にお出かけをする

8 夢中になれることをする

9 ケア会議をする

10 ターミナルケアをする

> 生協10の基本ケア® 1
> くらしの基本、日常生活動作

換気をする
「窓を開ける」

「換気をするって、こんな簡単なことが介護なの?」と言われることがよくあります。ですが、介護は日常生活の維持がベースになります。何気ないふだんのくらしを、一つひとつ意識することが大切です。

私たちは、呼吸をしなければ生きていけません。私たちの人生は、必ず呼吸を伴います。その人生の時空間、くらしの時空間に漂う空気がよどんでしまわないよう、まずは、換気を心がけましょう。

外気は、私たちを外の世界へと誘ってくれます。

元気なときから
知っておくこと・できること

今日、換気をしましたか。家の中に臭いがこもっていませんか。

「えっ？ スプレーがあるから大丈夫？」
スーパーに行くと、さまざまな消臭スプレーが売られています。ですが、スプレーがどんなにいい匂いでも、それは換気ではありません。ぜひ、新鮮な空気を家中に取り入れましょう。ゆっくりと吸って吐いて、身体の中にも新鮮な空気を取り入れましょう。

「えっ？ 24時間換気システムがあるから大丈夫？」[1]
換気システム（図1-1）にもそれなりの機能はありますが、窓を開けて換気するのとはちょっと違います。窓を開けると、四季折々の風や匂い、陽光を連れて、外の空気が流れてきます。雲を見上げ、光を浴び、風に吹かれ、草木を見て…。そうして、私たちの五感が刺激され、生きる身体感覚を保ちます。

さらに、窓やドアは外の世界とつながっています。縁側の掃き出し窓[2]や玄関のドアは、外の世界に踏み出すことができます。ふだん、意識することのない窓やドアの開閉を、生きる力を保つための換気として意識してみませんか。

換気をするために窓を開けるという行動は、毎日、自宅で実践できます。朝、起きたら家中の窓を開ける——この習慣もいい運動になります。今日からでも日課にして、習慣づけておきましょう。

ところで、「荷物が邪魔で窓が開かない」というような部屋、ありませんか。そんなことがないように、家の中もスッキリさせておきたいものです。

図1-1）24時間換気システムの一部、通気口（換気口、吸気口）

---

[1] シックハウス症候群対策として、建築基準法によりすべての住宅に24時間換気システムが義務づけられました（2003年法改正）。高気密・高断熱の建物が増えたため、自然換気がむずかしくなったからです。24時間換気システムでは、1時間で室内の空気を半分以上入れ替えることが基準とされています。

[2] 窓の種類は、設置場所によって何種類もの名称があります。たとえば、腰高窓や出窓、天窓など。掃き出し窓とは、ベランダなどから室内のホコリをほうきで直接掃き出すことができるように設置された窓のことを指します。かつての日本家屋には、多く見られました。

図1-2）昔ながらの日本家屋

図1-3）窓を開けにくい「物屋敷」

昔ながらの日本家屋（図1-2）は家具も物も少なく、とても風通しのいい空間で、知らず知らずのうちに換気ができていました。今は、戸建てもマンションも密閉度が高く、物や家具でいっぱい（図1-3）。ですから、窓を開けるという習慣は、より意識的に続けたい日課です。

換気とともにもうひとつ大切なことがあります。陽光を浴びることです。

かの有名な看護師ナイチンゲールは、空気と陽光について、『看護覚え書』[3]の中で次のように書いています。

- 看護の第一原則は、屋内の空気を屋外の空気と同じく清浄に保つこと。
- 身体から出る熱と湿気で腐敗しかかった空気を繰り返し患者に呼吸させることは、看護として最もいけないこと。
- 新鮮な空気に次いで病人が求める二番目のものは、陽光[4]をおいて他にない。

最近の研究では、すっきりとした目覚めのためにも、朝起きたときに陽光を浴びることが大切だといわれています。これまであまり意識しなかった「窓を開ける」「陽光を浴びる」というような、毎日の行動を大切にしましょう。

皮膚は第三の脳

エアコンが効いた快適な室内では、窓を開けずに過ごしがちです。けれども、

---

[3] フローレンス・ナイチンゲール（1820〜1910年）の『看護覚え書（Notes On Nursing）』は、看護学の古典といわれています。

[4] 体内にビタミンDを生成するには、陽光が欠かせません。ビタミンDが不足するとカルシウムの吸収が不十分になり、骨がもろくなるといわれています。

寒い・暑いと感じる皮膚への刺激、肌感覚は保たれるでしょうか。冬の空気に触れて「寒っ」と発する声や、思わず身体を縮める反応こそ、生きている証です。あまりに快適すぎると、そうした体感も失われていきます。

ですから、「寒っ」となればあたたかいお茶を飲みましょう。反対に、暑い夏には冷たい麦茶などいかがでしょうか。こうした体感が、「皮膚は第三の脳」といわれる所以かもしれません。

歳をとると、トイレが心配だからとお茶をあまり飲まない人がいます。ですが、お茶や水は、健康な毎日に欠かせない大切な水分補給です。「寒っ」とか、「暑い～」の続きにお茶を飲むくらしの習慣は、知らず知らずのうちに脱水症や熱中症の予防にもなっているんですね。

こぼれ話

介護福祉士養成校の実習生が、実習先の利用者と散歩に出かけたときのことです。突然、雨が降りだし、実習生は慌てて施設へ帰ろうとしました。すると、利用者はこう言いました。「雨にぬれたの、何年ぶりだろう」と。

施設内は温度も湿度も快適です。でも、雨にぬれたり、風に吹かれたり、暑かったり、寒かったりすることはほとんどありません。

日々の天候を肌で感じる大切さを再認識した一コマでした。

施設の換気

「生協10の基本ケア®」のもとになった「あすなら10の基本ケア」では、感染症予防も兼ねて、日中2時間ごとに換気を行い、部屋の空気を清浄に保ちます。換気前後の温度・湿度の記録や管理も行います。これは、利用者のくらしを支える貴重なデータになっています。

さらに、利用者が自由に外に出られるように、庭から外へ通じる窓（掃き出し窓）も開けています。世間には、利用者を閉じ込めがちな施設もありますが、自由な出入りも、外気を吸うことも、利用者の権利です。ふつうのくらしとして尊重しています。

外気の湿度は、冬でも40～50％程度に保たれるといいます。暖房をしていると30％くらいに落ちてしまうので、風邪やインフルエンザなどに感染しやすくなります。窓を開けて、ちょっと寒いなと思ったら、あたたかいお茶を飲む（水分補給）。そうしたふだんのくらしを介護に活かしています。

ちなみに、短時間の窓の開閉では室内の温度はそれほど変化しないとのこと。自宅でも実践してみましょう。

生協10の基本ケア® 2
くらしの基本、日常生活動作

床に足をつけて座る

日常生活の中で最も多く繰り返される動作が「座る」です。「座る」の前後には、「立つ」や「歩く」などの連続する動作があり、排せつや食事など目的のある行動につながります。座った状態から目的をもって立つ、この動作を維持することが自立したくらしを支えるコツです。

自力で立つには、足の裏が床にしっかりとついていなければいけません。足の裏に体重が乗ることで、脳が覚醒するといいます。人類の遠い祖先が二本足で大地を踏みしめ、そして今日の社会につながったということが、わかるような気がします。

元気なときから知っておくこと・できること

足の裏への刺激は骨芽細胞（骨のもとになる細胞）の形成を促し、骨の衰えを防いでくれます。そこで、足の裏にしっかりと体重を乗せる生活をふだんから意識しましょう。

「座る」「立つ」という動作のためには、関節がきちんと動かなければなりません。入院などでずっと安静に寝ていると、4日ほどで関節の拘縮（図2-1）が起こりはじめるといいます。関節が硬くなってしまうと、いざ、ベッドから降りるというときに、足の裏が思うように床につきません。無理をすると痛みが増すだけでなく、転倒のリスクも高まります。一度、拘縮してしまうとリハビリに時間がかかったり、もとに戻らない場合もあるので、たとえ入院生活であっても、拘縮にならないようにすることが大切です。

私たちの身体には、約260個の関節があるといいます。「寝たきり」「寝かせきり」の状態を避けることはもちろん、指でも、肩でも、足首でも、ふだんから関節の動きを意識しましょう。

昔の日本家屋は、かなり関節を使う構造になっていました。高さのある玄関の上がり框（図2-2）、まるではしごのような急な階段（図2-3）など、上下移動が多かったからです。

今は少なくなった和式トイレも、股関節・ひざ関節・足首の関節をしっかりと動かします。洋式トイレよりも関節の可動域が広く、1日に数回、トイレにしゃ

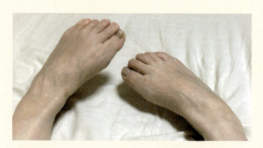
図2-1）拘縮（足首が90度に曲がりません）

図2-2）上がり框

図2-3）急な階段

こぼれ話

入院の間も、医師の許可があれば、足首を動かしたり、ひざを曲げたりしながら、関節が硬くなるのを防ぐようにしましょう。また、元気なうちから、朝起きたら、布団の中で足首を動かしたり、布団の上にしゃがんでみるなど、柔軟な関節を失わないように実践しましょう。

図2-4）和式トイレと洋式トイレを比べると、和式は股関節もひざ関節も足首の関節も90度以上に深く曲げています。

図2-5）仙骨座り（ずっこけ座り）。骨盤が立っていません。

がむその習慣が身体機能の維持にも役立っていました（図2-4）。

ただ、いったん足腰を悪くしてしまうと、和式トイレはとても不便ですね。

足の裏が床につくための大切なポイント

足が浮くようなイスには座らないようにしましょう。足の裏への刺激がなくなるばかりか、イスから立とうとしたときに、転倒や骨折の危険があります。自宅のイスを確認してみましょう。

また、いわゆるずっこけ座り（仙骨座り）（図2-5）は、前方にお尻をズルっと滑らせたような座り方で、骨盤が立っていません。骨盤を立たせる力は、座る姿勢を保つための重要な筋力です。若いときから姿勢よく、ずっこけ座りが癖にならないようにしましょう。

骨盤を立てる

骨盤を立てるためには、ひじ掛けのないイスを使います。ひじ掛けに頼らず座ることで、自分の力で骨盤をしっかり立てようとします。それに、ひじ掛けに頼る姿勢は、左右どちらかに傾いていることが多く、身体のゆがみを生んでしまいます。

座面が硬く、座面と床が平行になっているイスを使って、手をお尻の下に敷いて座ってみましょう。座ったときに、お尻の左右の骨の先端がしっかりと手に当たっていることを確認します。

次いで、両足を肩幅に開いて足の裏が床につく、両足に体重が乗る状態を確認します。このとき、左右のお尻と、左右の足の4点で身体を支えています。これが、立ち上がりの準備姿勢です。この姿勢は、骨盤が立っていないとできません。

では、いよいよ立ち上がります。

イスからの立ち上がり

日々、何気なく行っている「座る」「立つ」をしっかり意識してみましょう（図2-6）。

元気で健康なときは、何も意識せずに立ち上がれますが、身体が不自由になると、なかなかそうはいきません。たとえば、年齢を重ねるにつれ、太ももからひざのあたりに両手をついて「よっこいしょ」と言いながら立つことが増えていませんか。無意識のうちに、両方の足の裏にしっかりと体重を乗せる動作をしているのです。

正しい座位の姿勢（次ページ・図2-7）、正しい立ち上がりは、骨盤周囲の筋力の維持・向上に役立つとともに、両足の筋力（下肢筋力）の維持・向上、転倒・骨折の防止につながります。高齢期の安全な立ち上がりのためには、前に手をつけ

> 図2-6) イスからの立ち上がり

❶手をお尻の下に敷いて、左右の骨を確認し、背すじを伸ばして座ります。

❷前に出している足をひざより手前に引きます。

この4点を意識しましょう。

❸お尻を少し前に出します。

❹前かがみになります。

図2-7) 正しい座位の姿勢

そばに手をつけるところがあると転倒防止になります。

図2-8) 手をつきながら歩きます。

る台やテーブルがあると、安定します（図2-8）。無理をして転倒したら大変です。「座る」「立つ」などのちょっとした動作でも、高齢期のくらしのために意識して行いましょう。

引っ張り立ちはあぶない

高齢者が立つときに、手すりなどを引っ張るようにして立ち上がる動きをよく見かけます（図2-9）。元気な人でもついついやってしまいますよね。この場合、足を手前に引くこともなく、足の裏に体重が乗るより先に、手の握力と腕の筋力だけで身体を支えるような体勢になります。これでは、身体の重心が後ろに残されたままです。しっかりつかめなかったり、手が滑ったりすると後ろに倒れてしまいます。ですから、手すりなどに頼って立つ動作はおすすめできません。

骨盤を立てて「座る」「立つ」ができれば、さらに身体機能の維持・回復の動作に取り組むことができます。

図2-9)
机の引っ張り立ち（重心が後ろにあります）

📝 こぼれ話

脳血管障害で、左半身に麻痺が残った鈴木さん（仮名・78歳）。退院後、小規模多機能型居宅介護施設でおじぎ体操、尻上げ体操（22・23ページ）を続けました。退院直後は、2人に介助してもらってトイレに座っていた鈴木さんですが、3か月後には、1人の介助でトイレに座れるようになりました。トイレへの移動も、麻痺のない右足を使って自力で車イスを動かします。

ベッドからの立ち上がり

　入院中も退院後も寝たきりにならないよう、ベッドからの立ち上がりがスムーズに行えるようにします（図2-10）。ポイントは、ベッドの高さ。足の裏がしっかりと床につく高さです。写真のように、ベッドと同じ高さのしっかりとした台やタンスがあれば、そこに手をついて支えながら、立つという動作を徐々に身体になれさせていきます。

図2-10）ベッドからの立ち上がり（左片麻痺の場合）

❶仰向けになり、両ひざをできるだけ高く立てます。

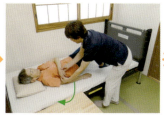

❷起き上がる方向（右）と反対側の左腕を胸の上に乗せ、右腕は起き上がる方向にずらします。

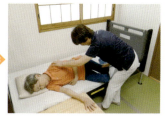

❸起き上がる方向に顔を向け、左肩と左ひざに手を添えて寝返り動作を介助します。

❹両足をベッドから降ろします。

❺首の下から手を入れて右肩を支え、左側の手は骨盤に添えて支えます。

❻頭が弧を描くよう手前に引き寄せながら、上体を起こします。

❼最後に、両足をつけてしっかりと座れていることを確認しましょう。

おじぎ体操

入院や自宅療養などで足がおぼつかなくなってしまっても、少しずつその力を取り戻していきましょう。リハビリや介護にかかわる人たちとよく相談しながら、「私の足で立って歩きたい」という意思をしっかりと伝えて、「おじぎ体操」からはじめましょう（図2-11）。

おじぎ体操の目的は、体幹と足腰の筋力回復・維持・向上にあります。

私たちは、おじぎをするとき、無意識ながらも前方に重心をかけています。そのとき、足の裏に体重を乗せ、倒れないように踏ん張っています。その動作が、座る・立つ・歩く動作のベースになります。このおじぎ体操をより意識的に、毎日行うことで、体幹と足腰の筋力回復・維持・向上の効果が得られます。

図2-11）おじぎ体操

❶前の台に向かって、ゆっくりおじぎをするように両手を出します。

❷両足は床に、両手は台に、べったりとつけて体重が乗るようにします。

❸お尻を少し前にもっていき、ひじを広げて、おじぎをするように前かがみの姿勢になります。このとき、股関節の柔軟性を上げていく効果が得られます。

高さの調節が可能なベッドの場合は、高さを変えながら、この動作を繰り返します。

尻上げ体操

「おじぎ体操」がスムーズにできるようになったら、今度は、座っているベッドからお尻を上げる動作、「尻上げ体操」を繰り返します（図2-12）。

尻上げ体操の目的は、座っている姿勢から安定して立つことにあります。

私たちは、イスやベッドから立ち上がろうとするとき、おじぎ体操の要領で前方に重心をかけ、座面からお尻を離します。この訓練が尻上げ体操です。

立ち上がりには、座面が低いほど多くの筋力が必要ですので、少し高い座面から徐々に低い座面を使って負荷をかけ、お尻を上げる筋力をつけていきます。最終的には、通常のイスの高さより1センチほど低い座面から自力で立つことをめざします。

図2-12）尻上げ体操

❶お尻を座面の前方に移動します。浅く腰かけている状態です。

❷手をついておじぎをします。このとき、無理にひざを伸ばそうとせず、まず両足にしっかりと体重が乗っていることを意識しましょう。

❸さらに、両手にも体重が乗っていることを意識します。両手両足に体重が乗った状態で、両手をついたまま徐々にひざを伸ばします。そして、「立つ」を意識します。

❹こうして「尻上げ体操」から「座る」「立つ」を繰り返します。身体が自然と「座る」「立つ」のコツを覚えてくれます。

高さの調節が可能なベッドの場合は、最初は少し高い位置から「尻上げ体操」をはじめ、少し筋力がついてきたら低い位置から行います。おじぎをし、ひざを伸ばして立ち、またベッドに座る。この動作を繰り返しながら、足の裏を刺激し、「座る」「立つ」に必要な筋力を取り戻していきます。

車イスは、イスじゃない

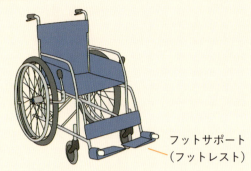

図2-13) 車イスの構造上、フットサポートには体重をかけられません。

　ところで、車イスは正しく使われているでしょうか。
　車イスは、移動の手段です。足を支えてケガを防ぐためにフットサポート（図2-13）がありますが、体重を乗せる構造にはなっていません。ですから、車イスに座りっぱなしはやめて、食事のときなどは足の裏が床につくイスに移って、安定した姿勢でおいしくいただきましょう。

立ち上がりを妨げるソファ

　次に、ソファはどうでしょうか。実は、ソファは高齢者にとってよくない家具かもしれません（図2-14）。深々と座って身をゆだねると、身体がソファに沈んでしまいます。その状態では、骨盤を立てることも、足の裏に体重を乗せることもできません。ソファに深々と高齢者を座らせている病院や施設もありますが、立ち上がれない可能性もあり、要注意です[1]。

　最近は、床に直置きしてゴロンとなれるソファが流行っています。こういうソファの場合、腹筋や背筋が衰えていると、身体を起こすのはとても大変です。高齢者に限らず、若い人も同じです。

　元気なときから知っておくこと・できることとして、もし自宅の家具を買い替えることがあるなら、骨盤が立つこと、

図2-14) ゆったりソファ。高齢者には立ち上がりが困難です。

---

[1] 一見、ソファには拘束機能はありませんが、自力で立てない人にとっては拘束になってしまいます。

足の裏が床につくことを意識して、イスやテーブルを購入しましょう。

私たちのふだんの動作、小さな動きを一つひとつ意識することは、とても大切です。

手をつく、足を引く、体重をかける、骨盤を立てる、おじぎをする、お尻を上げる、「よっこらしょ」と声を出して立つ…など、小さな動作の一つひとつがケアの基本になっています。

介護する人も、介護を受ける人も、ケアのための身体の動きを知っておくことで、お互いに負担の少ないスムーズな介護につながります。

「座る」「立つ」ができれば、いよいよ「生協10の基本ケア®」の3.トイレに座る、4.あたたかい食事をする、5.家庭浴に入る、へと進みます。

イスの高さを考えて

「あすなら」で利用者が使うイスは、ひざから下の長さ（下腿長（かたいちょう））に合わせて、イスの座面の高さを変えています。34cm、36cm、38cm、40cmと2cm刻みで4種類あり、利用者は自分に合うイス、つまり座ったときに足の裏がしっかりと床につけられるイスに座ります。そして、「座る」→「立つ」の動作を常に意識し、身体を支え、足の裏への刺激がなくならないよう工夫されています。

さらに、手のひらをついて「よいしょ」と立ち上がる動作が自然に生まれるよう、適度な高さのテーブルや家具を、利用者の動線に合わせて配置しています。こうして、利用者が立ちたいときに自分の力を使って「自力で立つ」を維持します。ベッドも、腰をかけたときに足の裏が床につく高さです。

一度、自宅のイスやベッドの高さを測ってみませんか。

高さの異なるイス

ちょうどいい高さのイスに座ります。

生協10の基本ケア® 3
くらしの基本、日常生活動作

トイレに座る

「座る」「立つ」ができるようになれば、車イスでも、つたい歩きでも、トイレに行って排せつできるように…をめざします。

排せつの自立を保つことは、人としての尊厳を保つ上で最も重要なことです。病院や施設では、オムツをつけて寝かせきりの高齢者を見かけることがあります。オムツは、「排せつしたいときに寝たままの姿勢でも大丈夫」という「便利」を実現してくれます。しかも、最近のオムツは吸水力抜群！ 3回くらいの排尿はどうってことありません。

けれども、この「便利」は誰のためでしょうか。

元気なときから
知っておくこと・できること

　ここでは、便の排せつを中心に、「トイレに座る」を考えます。

　人は、寝たままの姿勢では排せつしにくいものです。排せつのときには3つの力が働きます（表）。
① 座ることによって直腸を外から圧迫する腹圧
② 排便反射[1]によって直腸壁が収縮（不随意運動[2]）することによる圧力
③ 下向きにかかる便の重さ（重力）

　手術したから、歩けないから、病気だからと、簡単にオムツをつけて寝たままの姿勢を続けると、この3つの力が働かないばかりか、そのための筋力を衰えさせ、結局、オムツでしか排せつできない身体をつくってしまいます。加えて、それまで保っていた他の多くの身体機能も、生きる意欲も、低下させてしまいます。

　オムツをつけられ、「そこでしてもらっていいですよ」と「気軽」に声をかけられ、仕方なく排せつします。徐々に、人としての尊厳が奪われ、「もう、もとの生活には戻れない…」と、絶望的な気持ちに追い込まれていきます。

表）自然排便のための3つの力の姿勢による変化

	寝たまま	座った姿勢（座位）
① 腹圧	座ったときの2分の1しか力がかからない	寝ているときの2倍の力がかかる
② 直腸壁の収縮による圧力	座ったときと変わらない	寝たときと変わらないが、排便反射が起きやすい
③ 便の重力	まったく利用できない	十分利用できる

[1] 直腸に便が溜まり、便を送り出す働きが強くなることを、排便反射といいます。
[2] 自分の意思とは無関係に身体が動いてしまうことを不随意運動といいます。自分の意思で止めようとしても止まりません。胃や腸、心臓の動きもそれにあたります。

残念なことに、世間には「介護＝排せつの世話」というイメージをもつ人がまだまだ大勢います。「介護は汚い仕事」「私はやりたくない」というネガティブなイメージを生んでいます。

ですが、「生協10の基本ケア®」は、「排せつの自立」へ導く考え方を提起しています。介護は「お世話」ではありません。with介護で自立する──元気なうちから心得ておきましょう。

オムツと皮膚

人間の身体は、不要なものや死滅した細胞の排せつを優先するようにできています。そのため胎児は、口よりも先に肛門が形成されるともいわれます。体内に侵入した病原菌を破壊・消滅させる白血球などの免疫細胞が免疫力を高め、毎日の排せつを通して、身体に必要なものだけを残します。細胞も毎日入れ替わります。

ということは、皮膚も尿や便などいらないものがくっついたままでいるのは、イヤなのです。

人間は、生まれながらに身体に病原体などの侵入を防ぐ三重のシステム「皮膚や毛髪→粘膜→免疫細胞」をもっています。病原体との接触で得る「獲得免疫」と、もとから備わっている「自然免疫」との連携によって、身体を守ります。

皮膚は、単に病原体の侵入を防ぐだけでなく、酸性液を分泌し常に殺菌してくれています。

皮膚は、第三の脳といわれています。熱い、冷たい、かゆい、ザラザラ、ヌルヌル、サラサラなど、多くの情報を取り入れながら身体を守ります。

その大切な皮膚に排せつ物がついたままにされていたらどうでしょう。

オムツをつけて尿や便が皮膚についている状態は、誰にとっても気持ち悪いものです。その状態で、ごはんをおいしく食べられますか。

認知症の「困った」

「弄便（ろうべん）」という言葉をご存じですか。認知症の「困った行動」としてあげられがちです。オムツの中に手を突っ込んで、気持ち悪い原因である便を取り、今度は手についた便を拭おうと、壁やシーツになすりつけます。それを、世間は勝手に「弄便」と呼び、認知症のある人の気持ちも考えず、「困った、困った」を連発します。けれども、本人の感覚から考えれば、皮膚についた便を取り除きたいと思う気持ちはあたりまえです。

それなのに、介護する側は、「やめなさい」と叱ったり、怒鳴ったり、脱ぎ着できない服（図3-1）[3]を着せたり…。

介護を受けている本人はとても不愉快ですし、つらい思いをしています。

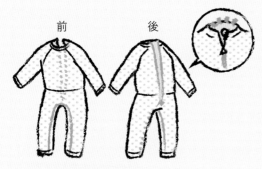

図3-1）自分で脱ぎ着できない服

確かに、介護をしていて困ることはたびたびありますが、ただ、「困った、困った」にならないためにも、認知症とそのケアについて、きちんと学んでおくことが大切です。本人不在の感覚で対処すると、症状をより悪化させることにもつながりかねません。

本人に寄り添い、本人の想いに気づく。そうした周囲の人の存在が認知症の症状を緩和する場合もあります。認知症のある人にとって、周囲の人は大切な環境のひとつです。

排せつの環境づくり

私たちは、1～2歳のころからトイレ・トレーニングをはじめます。排せつの自立は、その後の長い人生を支えてくれていました。

「歩けないのね。じゃあ、オムツね」などと、排せつの自立に伴う機能と力とこれまでの人生を、簡単に奪われないよう排せつについてもっと学んでおきましょう。

腸内環境

- 食べるものを工夫する（次ページ・図3-2）：野菜などの食材は、身体に水分を補給してくれます。食物繊維も含んでいて腸内の掃除をしてくれます。味噌や納豆、ヨーグルトなどの発酵食品は、腸内環境のメンテナンスをします。
- 腸の動き（蠕動運動)を見逃さない：食物繊維は、腸内環境を改善し、蠕動運動を促します。適度な運動やリラックスすることによっても、排便にうまく作用します。
- 大蠕動：朝食の１時間後くらいに発生する胃から腸にかけての反射運動を大蠕動といいます。大蠕動は、1日に数回、8時間ほど何も食べていない状態のときに食べ物や水分をとることで起きるといわれます。持続時間は10分から30分ほど。

食事より何よりトイレ優先！が便秘予防に効果的です。

3　背面ファスナーで、鍵がついているものもあります。一種の身体拘束で、その人の自由を奪います。簡単に脱ぎ着できないことから、「宇宙服」などと呼ばれていました。

大腸には水溶性食物繊維が重要

野菜のほとんどは不溶性食物繊維です。水溶性食物繊維の割合が高い食品を選んだり、さまざまな食品と組み合わせて水溶性と不溶性の食物繊維をバランスよく摂取することが大切です。

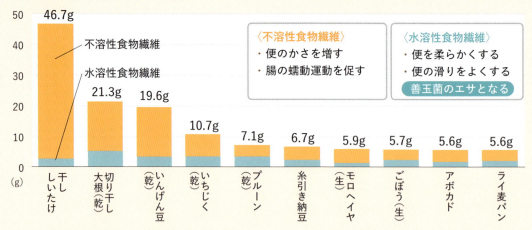

図3-2) 腸内環境を整える食物繊維（可食部100gあたり）　　出典：文部科学省「食品成分データベース」を元に作成

トイレの環境

> **トイレの整備：**
> - 家のトイレは狭くて、使いにくいかもしれません。もし、リフォームをするなら、少し床面積を広げてはいかがでしょうか。車イスを使う場合は、幅90cmほどの廊下も必要です。
> - 便器の形状：便器は座ったときに足の裏が床につき、足を引いて立つことができる形状のものにします。便器の後ろ側に介助できる空間があると、介護する人にとっては便利です。そして、「立つ」「座る」を安定させるために、手つき台（図3-3）を設置できれば理想的です。
> - トイレの手すり：新築やリフォームのついでにトイレに手すりをつける人も

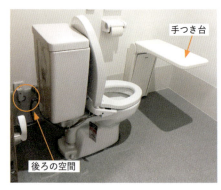

図3-3) 手つき台（折りたたみ式のものもあります）

いますが、手すりの形状や材質、設置場所（左右、高さ、奥行きなど）は、身体の状況によって変わります（図3-4）。また、手すりをつけたがために車イスが入らなくなったり、介助がしにくかったり、ということも考えられます。手すりの設置は、急ぎすぎないようにしましょう。

トイレ介助の一例

介護は、身体の自然な動きに沿って行われます。元気なときから介護の仕方、ケアスキルを知っておくと、いざというときに役立ちます（図3-5）。

たとえば、脳梗塞などで片麻痺が残って介護を受ける側になった場合も、「こうやって介助を受けるのよね」「こんなふうにすれば、お互いに楽ね」という知識と理解が介護を支えます。

図3-4）一般的な手すり。ここでは身体の左側についています。

図3-5）トイレの介助

❶片麻痺の場合、健側（麻痺のない側）に移乗する便座がくるよう車イスをつけます。

❷要介護者の両足をフットサポートから外し、しっかりと足を床につけ、台（手のひらをつきやすいもの）に手をついて前かがみになってもらいます。

❸要介護者は「おじぎ体操」「尻上げ体操」の要領で腰を浮かせ、お尻を少し前に移動して、車イスに浅く座りなおします。

❹立ったときに足を動かせない人は、介助者が移乗する側の足を一歩前に出します。足の絡まりを防ぐとともに、便器に座ったときに足の裏がつくようにします。

❺要介護者はもう一度おじぎをして、介助者がお尻を下から支えます。そのとき、ひざが伸びきるまで立ち上がってもらいます。

❻介助者は、要介護者の腰を立ったまま便座のほうへ誘導します。ひざが伸びて安定して立っていることを確認し、ズボンと下着を下ろします。

❼要介護者が便座に尻もちをつかないよう、介助者はゆっくりと腰を下ろすように支えます。

❽要介護者の足の位置を適切になおして、お尻も正しい位置に座りなおすように支えます。

❾転倒予防のために、横にイスを置くこともあります。車イスからいったんイスへ、それから便座へ。車イスへ戻る際も、便座からいったんイスへ、それから車イスへ、という工夫もあります。

❿排せつ中、介助者は要介護者のそばを離れます（プライバシーの確保）。

⓫排せつ後、台に手をつき、「おじぎ体操」「尻上げ体操」の要領で、ひざが伸びきるように立ってもらいます。

⓬必要に応じて清拭（せいしき）し、下着とズボンを着けてもらうよう介助します。

⓭安定して立っている状態で、要介護者のそばに車イスをつけ、お尻を車イスの座面に向けて移乗します。

こぼれ話

　自分の便を手ですくっては、きれいに丸めて、ベッドの上に並べるおじいさんがいました。やめさせようとすると、怒ります。暴れます。暴言を吐きます。

　なぜ、おじいさんは便を丸めるのでしょうか。その人は、長年、和菓子職人として生計を立てていました。そのことに気づいた職員は、リハビリを兼ねて和菓子づくりを日課に取り入れました。すると、便を丸めることはなくなっていきました。

　かつて和菓子職人だったということ（利用者の職歴など）に気づかないでいると、こうした行動を単なる不潔行為ととらえ、「宇宙服」（29ページ・図3-1）を着せることにもつながります。

　要介護者の目の前の行動だけにとらわれず、その人の人生に想いを馳せることは、介護の質向上に欠かせません。

オムツから排せつの自立へ

　食事中でもいつでも、トイレを優先しましょう。そして、ゆっくり排せつしてもらいましょう。

　「あすなら」のトイレには、手のひらをついて安定した姿勢を保ちながら体重移動をしてトイレに座るための手つき台を備えています。排せつ前後の移動や下着の上げ下ろしには介助が必要であっても、排せつそのものはトイレに座って行います。トイレでの排せつがあたりまえになると、施設の中に尿や便の臭いが漂うことはありません。

　「あすなら」（特養54床）利用者は、誰もオムツをつけていません。歳をとったら失禁ぐらいはあたりまえ。そのことで利用者を精神的に追い込むようなことはしません。利用者の表情も、どこか自信ありげです。この小さな自信が、毎日を生きる勇気と自立の意欲につながり、重度化を予防します。

　「あすなら」の職員は、「10の基本ケア」を常に学び、知識とスキルを身につけ、「オムツが前提の介護をしない」を徹底しています。利用者がトイレで排せつできるようになることは、利用者の自信につながるばかりでなく、「オムツを素早く替えるスキルより、オムツ外しに成功する！」という、介護職員の大きな働きがいにつながっています。

　オムツが外れると、在宅復帰の可能性がぐんと高まります。

生協10の基本ケア® 4
くらしの基本、日常生活動作

あたたかい食事をする

私たちは、毎日、座って食事をします。できたての料理からあたたかな湯気が上がり、おいしそうな匂いがします。

「いただきます」そう言って私たちは自然に箸をのばし、料理を口に運びます。あたたかい食事はあたたかいうちに、冷やして食べる食事は冷たくして、食材が醸しだす季節感を味わい、栄養価が高く旨味のギュッと詰まった旬のものをいただきます。

私たちは、食べるから生きています。高齢になっても要介護になっても、食べることのあたりまえ、楽しさ、おいしさを手放さないようにしましょう。

あたたかい食事をする

元気なときから知っておくこと・できること

「お腹が空いた」「おいしいもん、食べたい」という気持ち、これが生きる意思・意欲です。食べるときには手指を動かし、お箸やお茶碗を手に取り、口に運び咀嚼して「ごっくん」。胃から腸、やがて全身に栄養がいきわたります。内臓も含め、身体のいろいろな機能を動かしています。こうした動作の一つひとつがADL、IADL[1]の低下を防ぎます。

新鮮な旬の食材、無農薬の野菜で免疫力をアップし、しっかり食べて便秘も予防しましょう。排せつの自立も、しっかり食べることで支えられます。

また、食べるという行為は、ただ栄養を摂取しているだけではありません。私たちは、「おいしい」という感覚を得ると、脳内伝達物質によって快楽中枢が刺激され、幸福を感じます。

認知症のある人には、「出かける、しゃべる、食べる」がどんな薬より有効だといわれます[2]。

誰かと一緒に楽しく食事をしましょう。これからは、ひとり暮らしが確実に増えます。夫婦二人暮らしは、ひとり暮らし予備軍。今から、元気なうちから、週に1回、月に1回でも、誰かと一緒に食事をする、そんな習慣をつけておきましょう。行きつけのお店があるのもいいですね。お店や常連の人たちとの会話も元気を保つすてきな食事タイムです。

口から食べる

胃ろうや経鼻経管栄養[3]という言葉を聞いたことがあると思います。「延命治療を望まない」と考えるのは、胃ろうや経鼻経管栄養をイメージし、「管につながれて寝たきり状態で生きていたくない」という想いからではないでしょうか。

けれども、それによって体力を回復させ、口から食べる、経口摂取に戻すことができる場合もあります。ですから、胃ろうや経鼻経管栄養になったからといって、経口摂取をあきらめないでほしいと思います。

---

[1] ADL（Activities of Daily Living）は日常生活動作と訳します。IADL（Instrumental Activities of Daily Living）は手段的日常生活動作と訳され、洗い物をする、金銭管理をする、電話をかける…など、何らかの道具を使うやや複雑な日常生活動作を指します。

[2] NHK地域づくりアーカイブス配信動画「誰もが気軽に立ち寄れる認知症カフェ」
https://www2.nhk.or.jp/chiiki/movie/?das_id=D0015010761_00000 （2025年3月20日閲覧）より。

[3] 胃ろうは、手術で腹部にあけた小さな穴にチューブを通し、直接胃に栄養を流し込む医療的措置です。経鼻経管栄養は手術を要せず、鼻からチューブを挿入して胃や腸に栄養剤を入れます。いずれも、口から食事がとれなくなったとき、衰弱しないように栄養補給する方法です。

ですが、脳梗塞などで入院し、片麻痺がある場合、お箸やお茶碗が持てないという理由で、すぐに胃ろうや経鼻経管栄養を選択してしまう病院もあります。

寝たきりで体力を使わず、栄養だけが補給される状態では、「お腹が空いた」「食べたい」という気持ちが失われます。嚥下する力も失われ、舌を動かしたり、声を発する筋力も失われます。何か言っても言葉にならず、周囲の人は聞き取れません。こうしてコミュニケーションが阻害され、経口摂取にも戻れず、絶望的な孤独に落ち込む高齢者は少なくないことでしょう。

本来、入院中の場合でも、食事介助をする人さえいれば、胃ろうや経鼻経管栄養にしなくてもいいケースは多々あるはずです。ところが、入院中には介護保険が使えません。つまり、食事介助で経口摂取を保とうとすれば、三食とも家族が介助するか、自費で介助者を依頼するか…ということになります。

おいしいものをおいしくいただくのは、人生の大きな楽しみです。本人の状態や意思を踏まえ、よりよい選択が望まれます。

食事づくりと口腔ケア

ヘルパーさんに食事をつくってもらう高齢者は、これまで家事をあまりしてこなかった男性に多いようですが、できればヘルパーさんと一緒に食事をつくってみましょう。

冷蔵庫に残った食材、賞味期限が近い食材、使い方がわからない調味料、下処理の仕方がわからない魚介類、何年も前の乾物…などの有効利用を考えるだけでも、脳の活性化につながります。食品ロス削減にも一役ですね。

実際の調理で手指を動かすことも大切です。「教えてもらう、やってみる」の積み重ねは、できることを増やしていきます。後片づけも、ぜひご一緒に。

食べた後は口腔ケアです。ヘルパーさんに口腔ケアを任せている高齢者も多いのではないでしょうか。

高齢になると、口の中に食べ物カスが残っていても気づかないことがあります。ですから、ヘルパーさんに口腔ケアをしてもらうことは、とても大切です。

若いときは食後に口をゆすぐだけでもきれいになったのに、歳をとると同じように口をゆすいでも、歯と歯、歯茎、入れ歯の隙間などに食べ物カスが残ったままになりがちです。それが、いつのまにか口の中で腐敗します。誤嚥性肺炎[4]の多くは、それが原因だともいわれます。その腐った食べ物を飲み込んで、下痢につながることもあるようです。

4 あたたかい食事をする

噛む力、噛む楽しみ

　噛む力が低下した高齢者のために、きざみ食やミキサー食などの介護食（図4-1）がありますが、その食事で栄養をつけることが大切なのか、それとも噛む力を鍛えたほうがよいのか考えましょう。安易に介護食にしてしまうと、オーラルフレイル（40ページ・注❺）になりかねません。

　飲み物には、誤嚥を防ぐためのとろみ剤もあります。

　手指が不自由な人のためのカトラリーや介護用食器、食後の口腔ケアのグッズなども知っておくと便利です。

　元気なうちから試してみることで、「ああ、こんな感じで使うのか」という経験をしておいても損はありません。

最期まで食事を楽しむ工夫を！

　普通食と介護食の違い、わかりますか？
　下の写真右側はミキサー食です。噛む力や飲み込む力が衰えても食事を楽しめるように工夫されています。
　そのほか介護食には、きざみ食、ソフト食、ゼリー食など、噛む力や飲み込む力の段階に合わせて、さまざまな形態があります。
　食事は人生の大きな喜びのひとつです。最期まで食事を楽しむために、食べる人の状態に合った食事形態を選ぶことが重要です。
　また、個人の家では、写真のようにきれいな介護食をつくるのはむずかしいかもしれませんが、レトルトの介護食も市販されていますし、生協福祉事業部でも取り扱っている場合があります。ぜひ、お近くの生協へご相談ください。
　どんな食事でも、栄養のバランス、適切な量、食べやすさ、噛みやすさ、飲み込みやすさは、楽しい食事には欠かせません。
　ベビーフードで代用する人もいますが、ベビーフードにはとろみがついていませんので、高齢者の場合にはむせやすいともいわれます。また、量的にも不足しますので、一人ひとりに合わせた工夫が必要です。

普通食

介護食（ミキサー食）

◀噛む力がかなり衰えても、飲み込む力があれば口から食べて味わうことができます。

図4-1）普通食と介護食（ミキサー食）　　（写真提供：株式会社ナリコマホールディングス）

---

❹ 誤嚥性肺炎の誤嚥とは、本来、食道から胃に入るはずの飲食物がうまく飲み込めず、気管に入ってしまうことです。誤嚥したものが気管に入り肺が炎症を起こすと誤嚥性肺炎になります。

「自分で食べる」を支える自助具

リウマチで手にこわばりのあるひとり暮らしの中村さん（仮名・77歳）。ふつうのお箸やスプーンは持ちにくく、すぐに落としてしまいます。なかなか、自分のペースで食べられず、食事のたびにイライラしていました。食欲が落ち、食事量も減っていきます。

そんなときに出合ったのが、食事用の自助具（図4-2）です。

こわばった手でも持つことができるお箸とスプーンで、手から滑り落ちることがありません。ピンセットのようなお箸の形状は、少しの力でうまく使えます。これなら、自分のペースで食べることができます。お箸もスプーンも落とすことがなくなり、料理もこぼさなくなりました。

これらは、外食のときにも持参します。お店のお箸やスプーンを落とすこともなく、おいしくいただきます。

〈できる可能性〉を追求する＝在宅を支えるケアプラン

自助具など福祉用具の活用には、丁寧なアセスメントと確かなケアプランが必要です。

「〇〇ができないから」という理由だけで安易に自助具を使ってしまうと、その人の自力を回復することなく、それしか使えない状態にしてしまう可能性があるのです。「一人でトイレに行けないから、オムツね」という安易さにも通じるものです。

常に介助者がいる場合は、お箸やスプーンも通常のものを使用し、利用者の

図4-2）中村さんが使っていたカトラリーと滑りにくい食器やランチョンマット
（写真提供：大阪よどがわ市民生協）

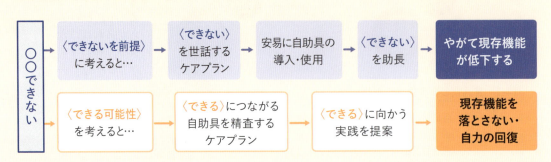

図4-3）自立につながる自助具選びとケアプラン　　＊現存機能（65ページ・注❶）

腕や手指などを支えながらうまく口に運べるよう手伝います。そうして、ふだんの食事を継続して、手指の関節や筋力を徐々に回復させていきます。

ひとり暮らしの中村さんの場合、ケアマネジャーと相談して、まずはストレスを感じることなく自分のペースで食事ができるケアプランを実践しました。食事のストレスが減って食事量も増えた今は、通常のお箸やスプーンが使えるようなリハビリを取り入れたケアプランを検討中です（図4-3）。

食事介助の留意点

- 介護を受ける人が、食べる前にきちんと目覚めていることが大切です。目が覚めていないと、「食べたい」という意欲につながりにくいからです。
- 車イスの場合は、食卓のイスに座りなおしましょう。足の裏が床についていることを確認します。足の裏への刺激によって脳が覚醒し、食べる準備に入ります。毎日続けていると、食欲や食べる量に変化が見られたという報告もありました。
- 食事は、匂いと視覚で「おいしそう」「食べたい」という気持ちを引き出します。そのためには、テーブルに置かれた料理が見えるよう、ひじより低いテーブルを使うのが効果的です。自然に前かがみの姿勢になり、誤嚥予防にもなります。
- 食べる前に口腔内を少し湿らせることも大切です。唾液が出やすい状態を準備することで、食べ物をうまく咀嚼することにつながります。
- 食べこぼしを気にしてエプロンをつけるより、こぼした食べ物がテーブルの上に落ちるよう、テーブルとイスとの距離（図4-4）を考えて配置します。だいたい、こぶしひとつ分くらいです。
- テーブルの上に手のひらをつくことができるよう、配膳プレートは使いません。うっかり配膳プレートの端に手をつくと、全部ひっくり返ってしまうからです。
- 介助の際、介護を受ける人の口の高さより、介護する人の肩と手が低い状態で介助します。口より高い位置から食べ物が入らないようにして、誤嚥を防ぎます。

図4-4) テーブルとイスとの距離

オーラルフレイルを防ごう

● **顔の筋肉マッサージ**（図4-5）

　美容のためのマッサージも必要かもしれませんが、オーラルフレイル[5]予防のためのマッサージは、もっと必要です。顔の筋肉をほぐし、唾液腺を刺激します。

　まずは、口の端から、頬、こめかみの順で、手のひらを使ってゆっくりと円を描くように動かします。さらに、耳の下から顎の先に向けて、5回に分けて親指で押していきます。これで、唾液腺が刺激されます。唾液がたくさん出ると、口の中の清潔が保たれ、また、食べ物の咀嚼や飲み込みを助けてくれます。人生を彩る豊かな表情を保つことにもつながります。

● **口腔体操**

　ふだん、意識することのない口や舌を動かす筋肉の体操、口腔体操をしましょう（図4-6）。口を大きく開けたり、閉じたり、舌をぐるりと回してみたり。この動きによって、硬いものを噛む力、飲み込む力を高めます。口周りの筋力アップにもつながり、食べこぼしやよだれの予防になるだけでなく、はっきりと話す力を高めます。話す力は、高齢期にとって何より大切なコミュニケーションを支えてくれます。

● **「パ・タ・カ・ラ体操」**（図4-7）

　この体操は、「パ・タ・カ・ラ」の音を順番に発声しながら、口や舌の動きを鍛える体操です。この4つの音が口や舌をスムーズに動かします。多くの高齢者施設・事業所が、食事前の準備体操として取り入れています。

　手を叩きながら「パ・タ・カ・ラ」を発声するというゲームを取り入れている事業所もあります。手のひらの刺激と頭の体操、このふたつを同時に行うことによって、お茶碗を持ち、お箸を使い、しっかり噛んで食べるという動作の準備体操になっています。

①口の端、頬、こめかみの順に、手のひらでゆっくりと円を描きながら筋肉をほぐす。

②親指を使って、耳の下から顎の先まで5回に分けて、気持ちいいくらいの強さで押す。

図4-5）顔の筋肉マッサージ

---

[5] オーラルフレイルは、噛んだり、飲み込んだり、話したりするための口腔機能が低下する、身体の衰え（フレイル）のひとつです。早期の重要な老化のサインとされ、噛む力や舌の動きの悪化が食生活に支障をきたしたり、滑舌が悪くなって人や社会とのかかわりが少なくなることもあります。これが全身的なフレイル進行の前兆になると指摘されています。

図4-6）口腔体操

❶口を大きく開いてから、閉じる（5回繰り返す）。

❷唇を突き出してから、横に引く（5回繰り返す）。

❸舌を前方に突き出す（5回繰り返す）。

❹舌を左右に動かす（5往復する）。

❺舌を下唇から1回転する。時計回りに3回転した後、反時計周りに3回転する。

❻頬をふくらまし、5秒間保持する（3回繰り返す）。

図4-7）パ・タ・カ・ラ体操

❶「パ」を大きな声で5回言います。
・発音するときに、必ず口を閉じます。その力が、食べこぼしやよだれ防止につながり、飲み込むときに力を入れやすくなります。
・機能が低下すると、「吸う・飲む」がむずかしくなります。

❷「タ」を大きな声で5回言います。
・発音するとき、舌の先が前歯の裏につくように動きます。この力は、食べ物を押しつぶしたり、のどの奥に持っていく力を高めます。
・機能が低下すると、食べ物を押しつぶせなくなります。

❸「カ」を大きな声で5回言います。
・発音しようとすると、舌を少し奥に引いて、はじくように音が出ます。この力は、むせたときなどにしっかりとせき込んで吐き出す力を強めます。
・機能が低下すると、食べ物が飲み込みにくくなります。

❹「ラ」を大きな声で5回言います。
・舌の先が上顎について離れるときに出る音が「ラ」です。食べ物を運ぶ動きを鍛え、飲み込む動きを助けます。
・機能が低下すると、食べ物を口の中でまとめられなくなり、なかなか飲み込む動作につながらなくなります。

認知症と食事

　昨夜、何を食べたか思い出せないのは、単なるもの忘れ。けれども、食事をしたこと自体を忘れているのは認知症、とよくいわれます。

　また、目の前に置かれた食事を自分が食べていいものかどうかがわからなかったり、それが食事（食材）であると認識できなかったり…。

　認知症と食事の関係では、表のような障害がみられます。きっと、本人は混乱して困っていることでしょう。認知症のある人の食事は、どうか焦らせず、無理強いしないで、ゆっくりとサポートしましょう。

　認知症のある人の口腔ケアも忘れないようにしたいものです。

表）認知症のある人の食事場面で起こっていること

- さっき食べたばかりのごはんでも、食べたこと自体を覚えておらず「ごはんはまだ？」と聞いてしまいます。「さっき食べたでしょ」と言われても納得できません。
- 認知症は、時間⇒場所⇒人の順で忘れていくといわれます。食事の場合、今、朝ごはんなのか、昼ごはんなのか、夕ごはんなのか、認識できていないことがあります。必然的に、次の食事がいつなのかも、わからなくなっています。
- 出された料理が食べ物だと認識できず、手をつけないこともあります。
- 食べ物と自分の口の距離感がつかめません。口へ運ぼうとするのですが、途中でこぼしてしまいます。
- お箸を持ってものをつかんだり、スプーンですくって口に運ぶという動作がわからず、混乱して食べることができません。調理をする場合には、鍋やフライパン、おたまやしゃもじをどう扱えばいいかわからず、混乱してしまいます。
- 食べ物を口に近づけても、なかなか口を開けないことがあります。また、口の中に食べ物が入っていても、咀嚼して飲み込むという動作につながりません。
- 食べはじめたものの、食事に集中できず、食事中であることを忘れることも多々あります。

　※このような状況に「○○障害」とか「失認」「失行」などとネーミングする専門家もいます。私たちも「あ～そうなんだ」と妙に納得してしまいがちですが、大切なことはネーミングにうなずくことではありません。認知症のある人がとても不安な気持ちでいることを忘れないようにしましょう。

📝 こぼれ話

　入れ歯が嫌いで、きざみ食ばかりを食べていた佐藤さん（仮名・85歳）。

　ある日、隣に座った人が天ぷらをサクサク食べるのを見て、がぜん、自分でもサクサク食べたくなったのでしょう。その日から入れ歯をはめ、しっかり噛んで食べる、というスタイルに戻りました。

　噛む力もだんだん強くなります。メニューも豊富になります。

　「やっぱり、このほうがおいしいな」と話す佐藤さんでした。

あたたかい食事をする **4**

自分であれ、家族であれ、認知症になる前から口腔ケアグッズ（図4-8）なども取り入れ、口腔ケアの習慣をつけておくことが大切です。いきなり、なじみのないものが口の中に入ってくれば、強く拒否することになるでしょう。

昨今、口腔機能を維持することに注目が集まっています。

思うように口を動かせず、食べこぼしがひどい、ものがうまく飲み込めない、むせやすい、滑舌が悪いなどの状態（オーラルフレイルの兆候）を見逃すと、全身のフレイル（虚弱な状態、機能低下）につながるからです。

テレビを見ながらツッコミを入れたり、大きな声で笑ったり…。何より、誰かとおしゃべりを楽しむことがオーラルフレイルの予防や社会性の維持にもつながり、健康寿命を延ばします。

図4-8）口腔ケアグッズ
歯と唇の間、歯ぐきをきれいにします。

（写真提供：アサヒグループ食品株式会社）

食欲をそそられて

「食べたい」という意欲をなくさないために、「あすなら」ではフロアで食事をつくります。手伝ってもらえる利用者には、野菜を切ったり、味見をしたり、配膳をしてもらったり…と、一緒に準備している、という雰囲気を大切にしています。このプロセスも食欲をそそるよう考えられているのです。

しばらくすると、フロアにおいしそうな匂いが漂ってきました。

利用者がぼちぼちフロアに現れます。食事の時間は、自然に人と人との交流を生み、社会性の保持につながります。孤立や認知症を予防する効果もあるといわれ、介護予防にも在宅介護にも活かしたい習慣です。

準備もできるだけ自分たちで　　　　　　　　　　食事は何より楽しい時間

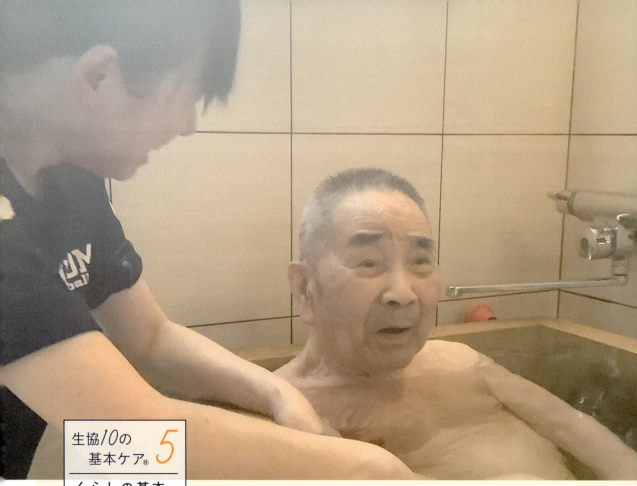

生協10の基本ケア® 5
くらしの基本、日常生活動作

家庭浴に入る

日本人は、世界で最もお風呂が好きな民族といわれ、浴槽にゆっくりつかるという文化があります。お湯につかって「ああ、いい気持ち！」と感じる文化です。要介護だからといって、シャワーや清拭で身体の清潔さえ保てばいい、というのは少し違います。

要介護のくらしとは、介護を受けながらふだんのくらしを続けること。その延長で、どういう入浴が可能なのか、デイサービスやショートステイも利用しながら、ヘルパーやケアマネジャーとともに考えましょう。

日本人にはお風呂、ときには温泉に入る文化が大切です。

元気なときから
知っておくこと・できること

　私たちは、ほとんど毎日、お風呂に入っていますが、「ああ、いい気持ち！」と感じること以外に、どのような効果があるのでしょうか。実は、さまざまな効果があります。シャワーだけでは、もったいない！

　さらに、リスクについても考えてみましょう。お風呂に入るのは、それなりに体力を使います。体力が落ちているときは、控えたほうがいいかもしれません。また、転倒や溺死、ヒートショックなど、お風呂にかかわる事故は決して少なくありません。少しでもリスクが軽減されるよう、将来に備えて脱衣室や浴室の環境を整えておきたいものです。元気なうちは、こまめなお風呂掃除で身体を動かすこともお忘れなく。

入浴による身体的効果

● 温熱効果

　身体が温まると血管が広がり、血流がよくなります。体内の老廃物や疲労物質を除去し、コリがほぐれ、疲れがとれます。内臓の働きを助け、自律神経のバランスを整える作用もあります。体温が平熱より1度上がるだけで、免疫力は一時的に5～6倍に増すといわれます。逆に、体温が1度下がると、免疫力は30％以上も落ちるとのこと。

　のぼせてしまわないように、水分補給もしながら、ゆっくりとお湯につかりましょう。

● 水圧効果

　お湯につかると、身体全体を包むように水圧が加わります。血液やリンパ液の循環がよくなります。

　お湯から上がったとき、水圧がなくなるため、手足の先まで一気に血液が流れます。血行がよくなり、むくみの解消にもつながります。

　1日の終わりにお湯の中で、ふくらはぎをマッサージしたり、足の指を動かしてみるのも、気持ちがいいものです。

● 浮力・リラックス効果

　お湯につかると浮力が働き、身体が軽くなります。関節や筋肉にかかる負荷が減って緊張がほぐれ、リラックスした状態になります。このとき、交感神経（活動する神経）から副交感神経（休む神経）の働きに切り替わります。

　シャワーだけですませると、水圧や浮力の効果は得られません。シャワーは、どちらかといえば交感神経が刺激され、かえって疲れがとれないともいいます。良質な睡眠が得られず、目覚めの悪さにつながることもあるようです。

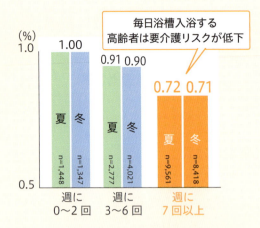

図5-1）浴槽入浴頻度による要介護認定リスク
出典：千葉大学報道発表No:157-18-20「お風呂の習慣（浴槽入浴）で要介護認定が3割減」（2018年11月28日）を元に作成

入浴に伴うリスク

● ヒートショック

冬季に起こりやすい急激な温度変化（ヒートショック）は、身体に大きな影響を及ぼします。

寒い脱衣室と暖かい浴室の温度差が血圧の急下降や急上昇につながり、脈拍の乱れを引き起こして意識を失い、倒れることもあります。倒れた場合には、骨折などの大ケガにつながる危険があることも忘れないようにしましょう。

● 浴室熱中症

42度を超えるような熱いお湯で長湯をすると、脱水症状を起こすことがあります。脳への血流が減少し、熱中症のような症状を引き起こします。日中のこまめな水分補給に続いて、入浴前後の水分補給も、ぜひ習慣にしましょう。

ちなみに、アルコールはダメです。脳貧血や心臓発作、転倒などの事故につながり危険です。

● 食後すぐの入浴

食事をすると、消化のために胃や腸などの消化器に血液が集中します。そのようなときに入浴して水圧がかかると、血液が分散して消化不良を起こすといわれます。食後1時間くらい空け、お腹が落ち着いてから入浴しましょう。

快適なお風呂のために

片麻痺がある場合や筋力が衰えている場合など、高齢者が安全にお風呂に入るためには、身体の状態に合わせて脱衣

図5-2）バスボードや浴槽台（足台）など。浴槽台は、浴槽の中に置いて座ることもできます。足の先にしっかりした吸盤がついていて、滑りにくい構造です。

（写真提供／バスボード：パナソニック エイジフリー株式会社）

室や浴室の工夫が必要になります。

　直ちにリフォーム！というわけにはいかなくても、段差の軽減、床の滑り止め、バスボードや移乗台などの福祉用具を吟味してみましょう。

　そのほか、シャワーチェアや、高齢者が使いやすい洗身グッズの種類もたくさんあります。

安全にお風呂に入って、日々の入浴効果を満喫しましょう。

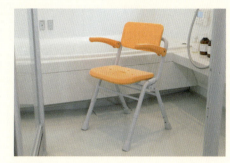

図5-3）シャワーチェア
（写真提供：パナソニック エイジフリー株式会社）

田中邸（仮名・43歳）のお風呂拝見！

脱衣室

Q脱衣室にイスがありますか？　→ないです。
Q着替えはしやすいですか？　→今のところ問題ありません。
Qタオルは取りやすいところにありますか？
　→お風呂に入る前に浴室扉向かって左側にある棚からタオルを取って、浴室の入り口にある洗面台に置いておきます。
　→それを忘れてしまうとボトボトのまま棚のタオルを取ることになり、床がぬれて滑るので、転倒の危険性は感じます。

浴室の入り口

Q入り口の段差は問題ありませんか？
　→ほぼフラットな状態です。でも、数ミリの段差があるので、すり足になるとあぶないです。

手すりと浴槽

Q手すりの位置は適切ですか？
　→今はまだ元気なので、手すりの位置が適切かどうかわかりません。
　→酔っぱらって入浴したときにはいつも引っ張って使っていますが、あぶないですね。適切な使い方ではないのだと思います。
Q浴槽をまたいで入ることはできますか？
　→今のところ問題ありません。足が上がりにくくなったら、お風呂用の足台（図5-2）が洗い場と浴槽内に必要かもしれません。

機械浴はやめよう

　福祉の世界では、ノーマライゼーション（Normalization）[1]という考え方を大切にしています。病気や障害があっても、歳をとって身体が不自由になっても、多くの人と同じようにふだんのくらしをふつうに大切にしていきましょう、という考え方です。

　ところで、機械浴というのをご存じですか。寝たきりのまま入ることができる入浴機械（図5-4）です。高齢者施設で目にすることも多いのではないでしょうか。ですが、これはノーマライゼーションとはいえませんよね。ふだんのくらしに、機械浴はありえません。

　家庭の浴槽は、お湯に肩までつかったときに、ひざが曲がるくらいのサイズがちょうどよさそうです。足の裏と背中が浴槽の底や周囲の面で支えられています。この体勢が溺死などの事故防止につながります。洗い場のシャワーチェア（前ページ・図5-3）も両足がしっかりと床につく高さのものにしましょう。

図5-4）機械浴

覚えておきたい「着患脱健（ちゃっかんだっけん）」

❶片麻痺や痛みのある腕（患側）から先に袖を通す（着患）。

❷頭を服に通す。

❸もう一方の腕（健側）は、できるだけ自分で袖を通す。

❹背中側の服を下ろす。

❺裾部分や腕周りを整える。

着患脱健は、「着るときは患側から、脱ぐときは健側から」という脱ぎ着しやすい方法です。知っておくと便利です。その上で、できるだけ本人が脱ぎ着できるよう、少しずつでもリハビリにつないでいきましょう。

[1] ノーマライゼーションは、「障害のある人が障害のない人と同等に生活し、ともにいきいきと活動できる社会をめざす」理念です。デンマークの知的障害児の親たちの運動からはじまりました。1959年にデンマークで「知的障害者福祉法」を制定、世界で初めてノーマライゼーションの理念が法律に導入され、今では全世界に広まっています。

特別養護老人ホームをはじめ、サービス付き高齢者向け住宅や有料老人ホームなど、施設入所を検討される場合は、それぞれの施設が、どのような環境のもとで、どのような入浴介助をしているのか、ぜひ確認しておきましょう。

自立支援ができるお風呂

もしもリフォームをする場合、お金とスペースが潤沢であれば、下記の「あすなら」のお風呂を参考にしてはいかがでしょうか。介助しやすい・されやすい設計です。

最近は、戸建てもマンションも、多くはユニットバスです。ユニットバスの浴槽は、ふちが丸く幅広で、手をついたり、つかめる形状ではありません。手が滑り、転倒する危険もあります。だからといって、簡単にリフォームできません。十分気をつけてお風呂に入りましょう。

介助しやすい・されやすい施設のお風呂

- 脱衣室：車イスのまま、脱衣場に入れる広さです。また、衣服の脱ぎ着がしやすいように、手をつける台や手すりを設置しています。
- 浴槽の周囲：浴槽を壁付けにせず、壁から20cm以上空けます。移乗の際、利用者が浴槽のふちに手をつき、前かがみになっても頭をぶつけないために必要な空間です。
- 浴室の広さ：車イスが入れる広さにします。そのためには、少なくとも浴槽の一方を1m50cm空けることが必要です。
- 浴槽の深さ：浴槽の深さは約50cmですが、浴槽そのものを、約10cm、床に埋め込みます。これにより、利用者にとって浴槽の高さが床から40cmほどになります。
- 溺死の予防：手足を伸ばせるような大きな浴槽は気持ちがいいものですが、筋力のない高齢者にとっては溺れる危険性があります。浴槽の内寸を60cm×90cmくらいにすることで、足と背中で身体を支え、身体の沈み込みを防ぎます。
- 移乗台：2人が座れる大きさの台を使います。利用者が浴槽側、介助者がその隣に座り、スムーズに浴槽に入れるよう介助をします。台の高さは、床からの浴槽の高さに合わせましょう。
- 浴槽のふちの幅：介助の際、利用者には浴槽のふちをつかんで身体を支えてもらうことも必要です。そのためには、浴槽のふちがつかめる形状であることが大切です。

浴槽に入る際の介助は、立ち上がる動作、移乗する動作の基本を組み合わせて応用します。自宅で家族を介助する場合には、事前に介護福祉士など介護のプロに介助の基本をしっかり教わっておきたいものです。

そのためにも、「1．換気をする」から順番に、生活リハビリを続けていることが大切です。

気持ちのよい入浴のためにも、「座る」「立つ」の姿勢をしっかり保てる状態を維持しておきましょう。

要介護5から回復

● **気持ちよさそうにお風呂に入る**

小林さん（仮名・85歳）

まったく馴染みのない地域の施設に入所していた小林さん。

施設に入ってからは身体を動かすこともなく、排せつはずっとオムツ。拘縮が進み、2年間もの間、トイレに座ることもありませんでした。

それでも、「余生を妻と過ごしたい」と望んでいた小林さん。自宅がある奈良に戻ろうと、「あすなら」の小規模多機

こぼれ話

厚生労働省は、通所介護利用者の入浴の自立を図ろうと、利用者と介助者の動作を表のように示しています。ポイントは、座位が保てること。「生協10の基本ケア®」と同じです。

利用者の動作	介助者の動作
	シャワーチェア（座面の高さが浴槽の高さと同等のもの）、浴槽手すり、浴槽内いすを準備する。
シャワーチェアに座る。	
シャワーチェアから腰を浮かせ、浴槽のふちに腰掛ける。	介助者は、利用者の足や手の動作の声かけをする。必要に応じて、利用者の上半身や下肢を支える。
足を浴槽に入れる。	介助者は利用者の体を支え、足を片方ずつ浴槽に入れる動作の声かけをする。必要に応じて、利用者の上半身を支えたり、浴槽に足を入れるための持ち上げ動作を支える。
ゆっくり腰を落とし、浴槽内いすに腰掛けて、湯船につかる。	声かけをし、必要に応じて、利用者の上半身を支える。
浴槽用手すりにつかまって立つ。	必要に乗じて、利用者の上半身を支える。
浴槽のふちに腰掛け、浴槽用手すりをつかみ、足を浴槽から出す。	必要に応じて浴槽台を利用し、利用者の上半身を支えたり、浴槽に足を入れるための持ち上げ動作を支える。
浴槽のふちから腰を浮かせ、シャワーチェアに腰掛ける。	必要に応じて、利用者の上半身や下肢を支える。
シャワーチェアから立ち上がる。	

出典：厚生労働省「介護保険最新情報」vol.974（令和3年4月26日）

家庭浴に入る 5

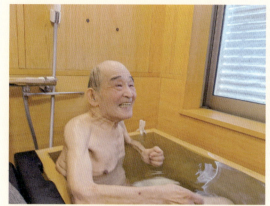

能型居宅介護事業所に入り、在宅復帰をめざすことになりました。

　当初は5分間と座っていることができず、関節の可動域も狭く、筋力もほとんどありませんでした。

　それでも、生活リハビリを根気よく繰り返した結果、2か月ほどで座ることができるようになりました。

　「座れる！」。このことがどれほど小林さんの自信と意欲につながったことでしょう。

　その後、おじぎ体操や尻上げ体操を繰り返しました。関節も徐々に柔らかくなって可動域も広がり、手をついて立つときもひざを伸ばせるようになりました。

　車イスへの移乗ができるようになり、自分の力で移動することもできるようになりました。

　4か月たった今は、介助を受けながらふつうのお風呂に入ることができるまでに回復しています。

　小林さんを見ていると、「10の基本ケア」の大切さが響いてきます。

　利用者自ら「10の基本ケア」を実践することが生きる力の回復につながります。

移乗台を使って湯船に入る（左片麻痺の場合）

利用者の状況や環境によって、具体的な入浴介助は異なりますが、基本は利用者の今もっている力（現存機能／65ページ・注❶）を使いながら、自分の力でお風呂に入ることができたと実感してもらうことを意識します。

浴槽に入る前

❶ 車イスから移乗台へ移乗しやすい体勢を準備します。利用者の両足が床についていることを確認します。利用者に浴槽のふちをにぎって前かがみになってもらい、いったんお尻を浮かせ、お尻を少し前に動かします。介助者はひざを支えながらお尻を持ち上げ、利用者のひざが伸びるまで立ち上がりを介助します。

❷ 車イスからお尻を移乗台のほうへ誘導し、ゆっくりと腰を下ろします。

❸ もう一度、利用者に浴槽のふちをにぎってもらいます。介助者は骨盤を支えてバランスを確保し、立ち上がりを介助します。利用者の立位を保ちながらお尻を洗身します。

浴槽に入るとき

❹ 再び、移乗台に腰を下ろしてもらい、いったんお尻を浮かせてから浴槽のふちまでお尻を寄せます。このとき、介助者も隣に座り、利用者の身体の安定を保ちます。背中から手を回して後方への転倒を防ぎながら片足ずつ浴槽に入れます。健側（右）は利用者が自力で、患側（左）は介助者がかかとを支えるようにして浴槽に入れます。

❺ 浴槽に足が入ったら、両足が浴槽についていることを確認します。利用者に、前方の浴槽のふちをつかんでゆっくりと浴槽内に座ってもらいます。このとき、介助者はお尻を支え、利用者の立ち上がりとしゃがみ込み動作を介助します。

浴槽から出るとき

❻ 浴槽から出る前には、利用者の両足を少し手前に引き、浴槽のふちをつかんで立ち上がってもらいます。このとき浮力を活用しながら立ち上がりを介助し、利用者のお尻を移乗台に乗せます。さらに、少しお尻を上げて深く座りなおしてもらいます。このとき、両足はまだ浴槽の中です。

❼ 介助者は利用者の背中に回り、後方への転倒を防ぎながら片足ずつ浴槽から足を出します。このとき利用者には浴槽のふちをつかんでもらいます。自力で足が上がらない場合は、介助者がかかとを持って浴槽から出る動作を介助します。

画像提供：日本生活協同組合連合会

> 生協10の基本ケア® 6
> いつものくらしが大切

座って会話をする

ゆっくり会話を楽しむためにも、まずは座りましょう。寝たままや立ったままの姿勢では、おしゃべりを続けにくいものです。

互いに、同じ高さの目線で、お茶を飲みながら（水分補給）、お菓子をつまみながら（エネルギー補給）、ワイワイ、ガヤガヤ。会話に伴う身振り手振りは、日常生活動作の保持につながります。会話は、言葉を発する機能を衰えさせない重要なセルフケアです。

「お腹が空いたね」「一緒に映画を観に行きましょう」「洗濯機の調子が悪くて」「昨夜の雨はひどかったね」など、他愛のない会話もふだんのくらしとともにある自己表現、生きている証（あかし）です。

しかも、会話には相手がいます。そのことが他者との交流、社会参加につながります。

元気なときから知っておくこと・できること

人との交流が減り、話をする機会が減ると、どうなるでしょうか。

声を出さないでいると、声を出す筋肉が衰えます。久しぶりに家族に電話をしても、友人に会って話をしても、もしかしたら相手には聞き取りにくい声になっているかもしれません。オーラルフレイル（40ページ・注⑤）の現れです。

ひとり暮らしの山本さん（仮名・89歳）が手術のために入院しました。要介護ではありません。食事も会話もふつうにできます。ところが、長引く入院は山本さんの会話力を奪ってしまいました。

友人が少なかったわけではありません。ほとんど毎日、誰かがお見舞いに来ていました。ただ、術後ということもありベッドに寝たまま。お見舞いに来た人たちは立ったまま。ゆっくり会話、というわけにはいきません。山本さんも、「忙しいのに、年寄りの見舞いには来んでいいよ」と遠慮していました。

山本さんの容態が少し悪化し、食事がとれなくなり胃ろうになりました。口を動かす機会がなくなり、食べる力が奪われていきます。それから10日ほどたったでしょうか、山本さんの言葉が聞き取りにくくなりました。必死で何かを伝えようとしますが、なかなか伝わりません。家族が必死に聞き取ろうとしますが、よくわかりません。山本さんは、徐々に話すことをあきらめました。それとともに生きる気力も失ったのでしょうか、数か月後に亡くなりました。

話をする機会、話をする筋力は、ふだんの何気ない会話によって、知らず知らずのうちに支えられています。オーラルフレイルを防ぎ、セルフケア・相互ケアが行われています。元気なときから意識しておきたいことです。

ひとり暮らし

かつては、大家族が多かった日本ですが、昭和の時代に核家族化が進みました。令和の今日、単身世帯（ひとり暮らし）が最も多くを占めるようになっています（次ページ・図6-1）。

ひとりでいるときは、たいてい黙って過ごします。歳を重ね、仕事も辞めて、だからといって近所づきあいが豊かになるわけでもなく、遠くの家族や親戚と話す機会がそうそう増えるわけでもありません。少しずつ、人との交流が減っていきます。

「口は災いのもと」と言われるくらいなら、誰とも話をしないひとり暮らしはストレスも少なく、気ままでいいかもしれません。ですが、気ままなひとり暮らしが社会的な孤立になると、それは

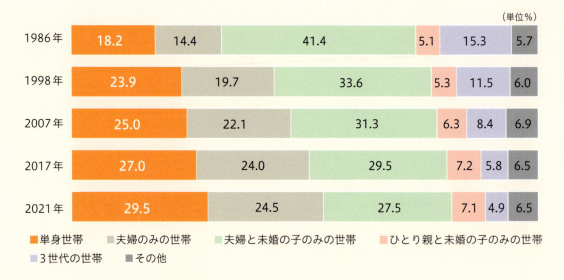

図6-1）世帯人員別一般世帯数の推移　　出典：厚生労働省「2021（令和3）年 国民生活基礎調査の概況」

ちょっと危険です。

セルフネグレクト

　ひとり暮らしが増えると、孤独死も増えます。けれども、ご近所や家族がすぐに発見してくれるようなつながりがあれば、孤独死というより「自宅で最期まで」を全うしたといえるかもしれません。

　一方、亡くなってからなかなか発見されないケースがあります。郵便物が溜まり、臭いやハエに気づいた近隣の人たちが警察に通報し…。これは孤独死というより、孤立死という表現がふさわしいように思います。無縁社会、絶縁社会のひとつの姿ではないでしょうか。

　孤立死の約8割は、セルフネグレクト[1]だといわれます。セルフネグレクトの場合、自宅がゴミ屋敷（図6-2）になっていることも、少なくありません。最近は、マンションなどの集合住宅1棟に1件、室内ゴミ屋敷があるといわれます。ゴミ捨てにも出ず、お風呂にも入らず、ゴミに埋もれたくらしでも、もはや自分の状態を客観視することができません。ひとり暮らしであるがゆえに、「誰にも迷惑をかけていないから」という感覚になるのでしょうか。

　友人も家族も近所のつきあいもなく、ひとりで誰ともつながらず、徐々に自分自身を放棄するセルフネグレクト。緩やかな自殺ともいわれます。本人も気づか

---

[1] 自己放任、自己放棄などと訳されます。

図6-2）孤立死の現場から
（写真提供：メモリーズ株式会社）

ないまま、そんな状況に陥ります。

これから、住民の多くがひとり暮らしになる地域社会に向かいます。ひとり暮らしであっても無縁社会、絶縁社会をつくらないことが大切です。

誰かと話す習慣をもちましょう。座ってゆっくり、お茶を飲みながら、お菓子を食べながら、ふだんのくらしの他愛のないことを語り合う、その習慣が孤立を防ぎます。人としての社会性を保ちます。

知っておきたい「音環境」

「音環境」について、考えたことがありますか。

私たちは、さまざまな音に取り囲まれています。雨が降る音、小鳥のさえずり、炊飯器の電子音、蕎麦をすする音、車の発進音、信号機のメロディ、友人の声…。

ふだんテレビを見ていても、ピンポンと音が鳴るとインターホンに出ようとします。音楽が鳴り響くショッピングモールでも、店員さんとの会話ができます。

私たちは、よほどのことでない限り、イヤホンで音楽を聴いている最中でも、周囲の多くの音の中から、自分に必要な音を聞き分けて行動します。

ところが、認知症のある人はそうではありません。

ショッピングモールにいると、店内を流れる音楽、お客さんとスタッフの会話、歩く足音、場内アナウンス、商品を出し入れする音、すれ違う人々の会話…それら雑多な音のすべてが均等に耳を覆い、どう聞き分けていいのかわかりません（図6-3）。

認知症のある人にとって、「音環境」の整備はとても重要です。あなたの話す声も、認知症のある人にとってはさまざまな音のひとつです。静かな落ち着く環

図6-3）音の洪水のような…

境で、座って会話を楽しみながら、あなたの声を聴き取ってもらいましょう。

認知症のある人と座って会話をする

認知症になると、本人がイメージする「こうある自分」と「現実の自分（もの忘れをしたり、思いを伝えられなかったり、やりたいことができなくなってきている）」とのズレから、不安、焦り、恐怖、悲しみ、寂しさ、怒り、自信喪失など多くの負の感情をかかえるようになります。

そんな感情を伝えようにも、言葉が出ない、伝え方がわからないため、余計に落ち込んでいきます。焦れば焦るほど、伝わらないもどかしさに、暴言が出てしまうこともあります。

認知症のある人にとって、最も大切なのは安心感です。これまでの居場所や人間関係、地域のつながりや社会的な役割を失ってしまうと、より症状が悪化してしまいます。ですから、元気なときからいつものつながりを維持し、安心して過ごせる空間をもつことはとても大切です。

近所のスーパー、モーニングがおいしい喫茶店、趣味のギター教室、毎月の床屋、かかりつけの診療所、隣の薬局…。

ゆく先々が安心できる環境であるよう、人にやさしい社会をつくることが求められます。認知症のある人にやさしい社会は、元気な若い人にも、やんちゃな子どもたちにも、誰にとってもやさしい社会であるはずです。

「座って会話をする」落ち着いた環境

❷ 「否定しない・怒らない・急かさない・注意しない・正さない」という接し方は、認知症のある人に接するときの基本です。不安や焦燥感をあおるような接し方は、認知症の悪化を招きます。

づくりは、認知症の重度化予防の基本です。少なくとも、「急かす・正す・注意する」が逆効果[2]であることだけは、覚えておきましょう。あなたの存在も認知症のある人にとっては環境のひとつです。ぜひ、表情や言葉づかいは柔らかく、ゆっくり丁寧な対応を心がけましょう。

座って会話をする

　認知症の重度化を招かないためには、人という環境が何より大切——。この結論に至るまでには「あすなら」の苦い経験がありました。

　以前は、職員が忙しそうに施設内を立ち歩いていました。ゆっくり座ることもありません。それを見ている利用者は、ずっと座ったままです。やっとの思いで「トイレに行きたい」と声をかけます。すると、職員は立ったままの姿勢で介助をはじめます。

　夕方になると、職員が帰り支度をはじめます。すると、利用者もソワソワしはじめます。「そろそろ、おいとまします」「もう、帰りますね」と言いはじめます。「あすなら」は利用者にとって居場所ではなかったのです。

　夕方（たそがれ時）、利用者が家路につこうとする様子に、当初は「たそがれ症候群」や「帰宅願望」などと、「あすなら」でも勝手なネーミングをつけていましたが、実は職員の忙しそうな姿が、利用者にそうさせる原因のひとつだったことに気づきます。

　それ以来、利用者との会話は、必ず隣に座ってするようになりました。利用者の目線より高くならないよう、落ち着いて、ゆっくりと話を聴きます。

　もちろん、意思疎通は簡単ではありません。同じ話が何回も出てきます。根比べのような状態が続きます。

　ですが、そのときどきの利用者の想いや身体状況のちょっとした変化にも気づくようになりました。

　そうした実践の積み重ねによって、フロア全体が落ち着き、たどり着いた結論が「座って会話をする」でした。

認知症とスティグマ

■「スティグマ」でとらえないで

　スティグマ。聞きなれない言葉ですが、認知症を学ぶ上で知っておいてほしい言葉です。国際アルツハイマー病協会*も「認知症スティグマの克服」を呼びかけています。

　スティグマは、一般的には「負の烙印」や「不名誉」という意味合いで使われます。偏見や差別に基づいて、その人を辱(はずか)めるようなレッテルを貼り、見下すように扱う、そのようなイメージです。

　ですから、「『スティグマ』でとらえないで」というのは、認知症のある人を不安にさせるような言動をとらないで、という意味合いになります。

　実は、何も気づかないままスティグマ（認知症の知識を欠いた思い込み）が伴う言動はよくあるのです。

　たとえば、何の気なしに次のような経験はありませんか。

① 「認知症になったら、外出はむずかしいよね」と思い込んで、できるだけ家の中で過ごさせること。
　→家の中に閉じこもっていると、社会性を喪失します。認知症の進行を招きます。

② 「おじいちゃん、話しても通じないし、そっとしとくね」と、会話を避けるようなこと。
　→コミュニケーションの機会をもち続けることは、認知症の重度化予防になります。会話を楽しむ環境が必要です。

③ 家族に、「ちょっと、おばあちゃんのこと見ててね」と頼みつつ、実は監視させるようなこと。
　→本人の「自分は信頼されていない、見張られている、どうして？」という怒りに似た不安を助長します。

　①～③のような言動に悪意はありません。むしろ善意なのですが、無意識なスティグマが作用しています。認知症のある人にとっては、その何気ない一言が自分の想いや行動を否定されたように感じます。

---

*1994年、国際アルツハイマー病協会（ADI：Alzheimer's Disease International）は、世界保健機関（WHO：World Health Organization）と共同で、毎年9月21日を「世界アルツハイマーデー」に制定しました。その活動の一環として、世界的にも重要な課題である認知症スティグマの克服を掲げています。日本では、公益社団法人認知症の人と家族の会がポスターやリーフレットを作成し、認知症への理解を呼びかけています。
2024年1月に施行された「共生社会の実現を推進するための認知症基本法」では、9月を認知症月間、9月21日を認知症の日と定めました。

気持ちが沈み、不安が大きくなり、そこから逃れようと抗（あらが）います。安心できる居場所を求めようとします。

認知症のある人が安心できる居場所とは、どのようなところでしょうか。
「施設だったら安心なんじゃない？」という人もいます。果たして、そうでしょうか。認知症のある人にとっての「施設＝安心」という根拠は、どこにあるのでしょうか。こんな応答にも、スティグマが作用しているのです。

安心できる居場所とは、物理的な場所や環境だけでなく、不安に苛（さいな）まれることのない周囲の人たちとの関係が大切です。家族や介護職員も、認知症のある人にとって安心できる存在になっているでしょうか。そういったことも問われています。

将来、自分が認知症になったら、どこでどんなふうに過ごしたいですか。不安に駆られず落ち着ける居場所は、元気な人にとっても大切なはずです。ただでさえ、不安に苛まれている認知症のある人にとってはより一層大切です。そんな居場所を誰もがもてる社会が望まれます。

■「ニンチ」って言わないで

認知症は、かつて「痴呆症」といわれていました。2004年、厚生労働省はスティグマを伴う「痴呆症」から認知症という名称に変更しました。

ところが今、「あの人、ニンチ入ってるよね」というような言い方をする人がいます。認知症のある人を小馬鹿にしているように聞こえませんか。

「認知症スティグマの克服」とは、こうした些細な会話も含めて、認知症に対する無理解を少しでもなくしていきたい、という想いと行動提起です。

■「問題行動」って言わないで

スティグマを伴う言動は他にもあります。
たとえば、次ページの表の言葉に表されるような状況です。よく、まとめて「問題行動」といわれます。介護をしていると、目の前の「問題行動」をどうにかしようと必死になります。

では、認知症のある人はどんなふうに感じているのでしょうか。

認知症のある人は、快・不快の感性が研ぎ澄まされているといいます。ですから、自分の言動を「問題行動」のように扱われるのは、耐えがたいものです。自尊心を傷つけられ、怒りや憤りが生まれます。本人は、決して「何も理解できない」「何を言ってもわからない」という状態ではありませ

表）認知症のある人の言動と思い（例）

スティグマを伴う言葉	認知症のある人の思い（例）
暴言・暴力	自分をまともに扱ってくれません。私の言うことを、何もわかってくれません。聞いてくれません。だから、どうしてもきつい言葉が出てしまいます。ときには手をあげてしまいます。私のことを、暴言を吐く人などと言わないでください。
拒食	お腹も空いていないのに、無理やり食べさせないでください。お腹が空けば、自分で食べます。みなさんと同じように、好きなときに、好きなものを食べてはいけませんか。
異食	おいしそうな食べ物（だと思って）を口に入れただけです。何もさせてもらえないし、誰も相手にしてくれないし、ひとりではさみしい。だから、そこにあるものを少しつまんだだけです。どうしてそんなに注意されるのでしょうか。
弄便	オムツをつけられて、トイレに行きたいと言っても行かせてもらえません。オムツの中が気持ち悪いので触ると茶色いものが手につきました。だから、近くにある布（ふきんやカーテン）で拭っただけです。悪いことでしょうか。
徘徊(はいかい)	目的があって外出したんです。途中で目的を忘れただけで、今、思い出そうとしています。徘徊ではありません。徘徊と言わないでください。ここに閉じ込めないでください。 （今は徘徊という言葉を使いません。ひとり歩きという言葉を使うことが多くなりました）
帰宅願望（たそがれ症候群）	（施設の利用者）ここは、私の家ではありません。なぜ、私はここにいないといけないんですか。自分の家に帰りたいだけです。「息子が迎えに来る」っていつも言われますけど、ウソですよね。お迎えはいりませんから、家に帰ってください。 （その施設が本人の居場所になるようなケアがなされているかどうかが問われます）

ん。常に自分の置かれた状況に頭を悩まし、何とか整理して納得できる解を自ら見出そうとしています。その思案に、やさしく寄り添ってください。

■「認知症」の理解へ

「うちのおじいちゃん、〇〇するんですけど、やめさせるにはどうしたらいいですか」

実は、「やめさせるには」と問われて、「こうすればいいですよ」という答えはありません。認知症ケアの専門職は、「やめさせるには」より「〇〇する」の背景を考えようとします。

「〇〇する」の背景には、原因疾病がもたらす症状、そこから引き起こされる二次的な障害、その状況をうまく伝えられない自身のもどかしさ、そうした状況への周囲の視線などによる影響が混在しています。加えて、本人がこれまで生き抜いてきた環境、人生におけるさまざまな出来事など、背景は、はかり知れません。ですから、「やめさせるには」を考える前に、「〇〇する」背景について、少し立ち止まって考えてみませんか。

昨今、一般企業でも職場内の研修で認知症ケアの学習を取り入れるケースがあると聞きます。数年先には介護難民があふれると予想される今、地域で、職場で、さまざ

まな集まりで、認知症ケアの学習会は欠かせません。

「私は認知症にならない・なりたくない」では、何の備えにもなりません。「私もそのうち認知症になる」ことを前提に、認知症のある人を世間から遠ざけず、当事者ではなくても認知症を学び合い、認知症ケアの基本や社会資源についても学び合っておく備えが必要です。その備えが、無理のない介護、幸せな介護につながる第一歩になるでしょう。

《身近な人に知っておいてほしいこと》

- 認知症は、原因となる疾病によって、症状も進行も治療方法も異なります。必ず、専門医の確かな診断を踏まえておきましょう。
- 介護保険の利用については、本人が居住する地域の地域包括支援センターや介護事業所などに相談してみましょう。手続きは代行可能です。
- 地域包括支援センターや介護事業所では、認知症ケア専門士など専門職を紹介してもらうことが可能です。それでも任せっぱなしにせず、相談を欠かさないようにしましょう。
- 地域包括支援センターや介護事業所で担当になったケアマネジャーには、定期的にケア会議をしてもらうようにしましょう（本書「9. ケア会議をする」参照）。
- 本人も家族も、認知症カフェや「認知症の人と家族の会」のつどいなどで、立場を同じくする人たちとの交流をもつようにしましょう。

参考書籍の紹介

私は私になっていく　認知症とダンスを〈改訂新版〉
クリスティーン・ブライデン／著　馬籠久美子・桧垣陽子／訳　クリエイツかもがわ／発行

クリスティーン・ブライデン（元オーストラリア政府高官、46歳でアルツハイマー型認知症を発症）は、次のように書いています。

「……きっと末期の認知症のイメージに根ざしたステレオタイプとスティグマのせいだ。認知症とは末期だけでなく、診断されてから死に至るまでの旅であり、その途中には多くの段階がある。この旅で、私がその『信ぴょう性』を勝ちとるための闘いは、初めはとても孤独なものだった」

A5判・304ページ／定価2200円（税込）

認知症になってもひとりで暮らせる
みんなでつくる「地域包括ケア社会」

社会福祉法人協同福祉会／編　クリエイツかもがわ／発行

医療から介護へ、施設から在宅への流れが加速する中、これからは在宅（地域）で暮らしていく人が増えても、家族や事業者、ケアマネジャーは要介護者を在宅で最後まで支える確信がもてるでしょうか。人、お金、場所、地域、サービス、医療などさまざまな角度から、環境や条件整備への取り組みをひろげる実践を紹介します。

A5判・136ページ／定価1,320円（税込）

生協10の基本ケア® 7
いつものくらしが大切

町内にお出かけをする

元気なうちはもちろん、要介護になっても、定期的に外出しましょう。施設であれ、在宅であれ、引きこもりが続くと社会性を失ってしまいます。

本書の「1. 換気をする」を思い出してください。窓を開けて今日の天気を確認しましょう。涼しい風が吹いているとか、ちょっと空気が湿っているとか、雨は大丈夫かなとか、暑そう、寒そうなど。出かける前に天気をチェックして、着るもの、靴、持ち物などを考えながら出かけます。このプロセスが大切です。

さあ、玄関を開けて出かけましょう。

元気なときから知っておきたい、きょういく・きょうよう

フレイル予防や要介護の重度化予防に大切な「きょういく」「きょうよう」をご存じですか。「教育」「教養」ではなく、「今日、行くところがある」「今日、用事がある」という駄洒落です。たかが駄洒落。されど、それなりの効果があるからこそ、駄洒落になりました。

介護というとベッドの上や車イスの高齢者を思い浮かべ、施設や在宅など室内の様子をイメージしがちです。けれども、それだけが介護ではありません。ここまで述べてきたように、社会とのつながり、人とのつながりが大切です。社会とのつながりを保つという介護が、その人の現存機能[1]を維持・改善し、その人らしいくらしを支えます。

外出しようと思うと、身だしなみを整え、服装にもそれなりに気をつかいます。そのちょっとした意識が、現存機能を支えます。ですから、元気なうちから「きょういく」「きょうよう」の習慣を確立しておきましょう。

映画や旅行のような「きょういく」「きょうよう」も大切ですが、散歩も、習いごとも、買い物も、通院も、大切な「きょういく」「きょうよう」です。定期的に行く場所と用事を意識し、その道中も楽しみます。

鳥の鳴き声や草花に四季を感じたり、すれ違ったご近所さんに会釈したり、いつもとは違う道を通ってみたり、初めてのパン屋さんものぞいてみましょう。

お出かけと車イス

お出かけのときに大切な福祉用具が車イス（図7-1）です。車イスは、移動手段です。どうやって動かすのでしょうか。車イスで、どこまでスムーズに外出できるでしょうか。

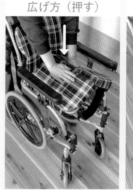
広げ方（押す）

たたみ方（引く）

図7-1）車イスの広げ方、たたみ方

---

[1] 以前は残存能力（残された力）といいましたが、この表現では「かつてあった能力が失われた」といったネガティブなイメージがにじみ出てしまいます。今は、現存機能（今ある力）というポジティブな表現を使うようになりました。

図7-2) バリアフリーとは程遠い道路事情

　車イスで外を行き来したことはありますか。最近は、車イスで外出する人の姿をよく見かけるようになりました。ですが、出かけるとまだまだ不便なことだらけです。

　歩道を行こうとすると、お店の看板が出ていて通れなかったり、向こうから自転車が来て怖い思いをしたり、歩道が車道に向かって斜めに下がっていたり、駅のエレベーターもお店に入るスロープもなかなか見つかりません（図7-2）。

　杖をついていても、お出かけには苦労が伴います。斜めの歩道では、安定した姿勢が保てません。階段の上り下りでは、杖と荷物が邪魔をして手すりをうまくつかめません。町内のお出かけは、まだまだ不便を感じます。

トイレ、どこ？

　高齢になると心配なのがトイレです。公共の施設の多くは、洋式の水洗トイレになりました。数もそれなりにあります。車イスで入れる多目的トイレも増えました。

図7-3)
スタイリッシュな
トイレマーク

　ところが、肝心

のトイレが見つかりにくいことがあります。駅などの公衆トイレは、等身大の大きなトイレマークでわかりやすくなったのですが、小さくスタイリッシュに描かれたトイレマーク（図7-3）は、なかなか見つけにくいこともあります。

ある介護老人保健施設（老健）では、金属を折り曲げたスマートな造形のトイレマークを新調しました。ところが、利用者や家族から、「トイレどこですか？」と頻繁に聞かれるようになってしまいました。そこで、トイレへの案内を会話のきっかけにして、コミュニケーションがとれるよう取り組みました。老健の苦肉の策です。

どこを押したら流れるの？

トイレの困りごとをもうひとつ。

「どこを押したら水が流れるのですか？」。老婦人がトイレのドアを細く開けながら、順番を待って並んでいる人に聞いていました。かつては、「流す」といえばレバーと決まっていたのですが、今ではボタンやセンサーなどさまざまです。しかも、「流す」以外の用途のボタンもたくさんあります（図7-4）。どれが何のボタンなのか、説明文字が小さかったり、剥げていたりしてよくわかりません。

このような困りごとも、少しずつ声を上げて、まちづくりに反映できるといいですね。

エスカレーター、片側空けはマナー？

あなたは、エスカレーターのどちら側に立ちますか（図7-5）。世間は「お急ぎの方」のために片側を空けます。多くの人が、空いた側は歩かなければいけないと思って行動するようですが、これはマナーでしょうか。

たとえば、左片麻痺の人は左側の手すりを持って立つことができません。知ら

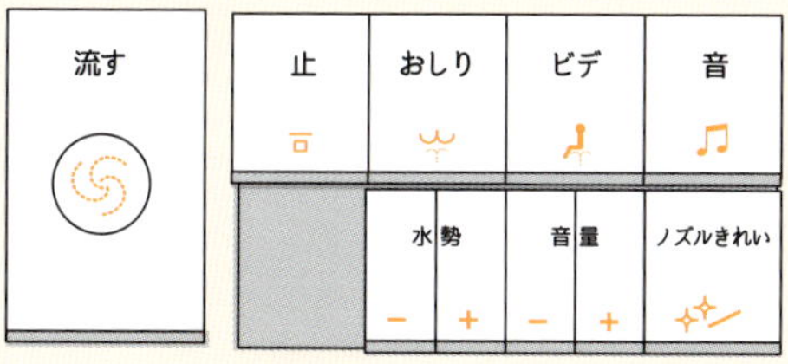

図7-4）スタイリッシュなトイレのリモコン

図7-5）エスカレーターの片側に立つ人々

ず知らずのうちに左片麻痺の人の自由な外出を妨げることになりませんか。

ご存じのとおり、エスカレーターは立ち止まって乗るもの。近年、鉄道事業者も2列で立ち止まって乗るように呼びかけています。エスカレーターの歩行禁止を条例化した自治体もあると聞きます。エスカレーターのメーカーも歩行を想定しておらず、段差やステップの幅も片側歩行に適さない設計だといいます[2]。

バリアフリーの考え方が浸透するとともに、公共交通機関においても障害児・者、高齢者への配慮が求められるようになりました。利用する私たちも「お急ぎの方」に遠慮（忖度？）せず、ゆっくりお出かけを楽しみましょう。

電車の車内放送

電車に乗っていると、ときどきこんな車内放送があります。

「急病のお客様の救護を行っておりました。そのため、5分遅れで〇〇駅に到着予定です。お急ぎのところご迷惑をおかけし、誠に申し訳ありません」

えっ？　急病人は迷惑？

「お急ぎ」のほうが大事？

それより、「急病のお客様の救護を行っておりました。そのため5分遅れで〇〇駅に到着予定ですが、無事に救護できました。ご乗車のみなさま、ご協力ありがとうございました」と放送してもらえないでしょうか。

急かさず、ゆっくり

最近のバスでは、「バスが完全に止まってから席をお立ちください」というアナウンスが流れます。後ろの席に座っていてもホッとします。

急かされない環境のほうが、バスの乗り降りもスムーズになります。もちろん、車内事故防止にもつながります。

「急かさず、ゆっくり」といえば、福井県民生協の店舗（ハーツ）では、「ゆっくりレジ」が設けられました。高齢者にも子ども連れの人にも、多くの組合員に人気のレジです。

お財布を出すのもゆっくり、ちょっとしたおしゃべりでほっこり、袋詰めものんびり。

急かされることなく、自分のペースで過ごせる環境は誰にとっても大切です。そんな環境が積極的なお出かけにつながり、高齢期の介護予防に、要介護の重度化予防にもつながります。

---

[2] 乗りものニュース　https://trafficnews.jp/post/132775 （2025年3月20日閲覧）

見守りのある地域社会へ

　高齢者、要介護者の外出は、地域の人々に見守りや支援を要する人々の存在を知ってもらう、とてもよい機会になります。

　元気なうちから地元の店を利用することも、とても大切です。いつのまにか、顔なじみになり、つながりもできます。通いなれた店は、落ち着ける場所、居場所にもなっていくことでしょう。将来、認知症になったとき、道に迷っていたら助けてくれるかもしれません。ひとり暮らしの人こそ、町内へのお出かけすることがとても大切です。

　介護は、ただ単に受け身でお世話してもらいながら生きながらえることではありません。さまざまな支援や介助を受けて自立し、その人らしいくらしを営むこと、その総体を介護といいます。

　要介護認定を受けていても、受けていなくても、まだまだ元気でも、周りの人へのちょっとした配慮や支援を大切にできる地域社会にしたいと思いませんか。

　「介護のお世話にはなりたくない」とか、「他人様のお世話になるのは恥ずかしい」とか、そんなことを言ってる場合ではありません。「いよいよとなってから、介護のお世話になる」という人もいます。でもそれは、重度化するのを待っているようなもの。介護する人も、介護を受ける人も、負担が大きくなるだけです。

　ですから、介護保険はさっさと利用して重度化予防。たとえ、ヨロヨロ・ヨボヨボになっても、堂々と自分らしい人生を全うしましょう。

　多くの人のその積み重ねが、歳をとっても、障害や病気があっても、誰もが住みなれた地域で安心してくらせる、あたたかく見守りのある人の輪と地域社会をつくっていきます。

定期的なお出かけ

「あすなら」では、利用者が定期的に外出します。ショッピング、映画、外食やお花見、お祭りに出かけたりと、最低1週間に1回は外出を援助できるようなケアプランに取り組んでいます。元気な人が日常的に出かけるように、歳をとっても要介護になっても、外出が制限されてはならないと考えているからです。

施設内の限られたくらしでは、町内にお出かけすることも重度化予防に大きく役立ちます。施設内の行事やレクリエーション、喫茶店などを営む施設も多々ありますが、やはり施設は施設。少々物足りません。施設に入所したからといって遠慮せず、積極的にお出かけの機会をつくりましょう。

訪問介護を受けている場合も同じです。買い物などをヘルパーさん任せにせず、ヘルパーさんの力を借りて一緒に外出し、買い物をしたり、なじみのお店に寄ってあいさつを交わしたり…と、お出かけを元気の源にします。

そして、まだまだ元気な高齢者にとっても、お出かけが社会性の維持につながり、介護予防の上でも欠かせないということを知っておきましょう。

早起きして朝日を浴び、排せつをすませ、日中は外に出て心身を活性化します。帰宅したら、夕食をおいしくいただき、お風呂に入りましょう。こうした昼間の活動が夜の安眠に結びつきます。ぐっすり寝れば、すっきり目覚めます。

ですから、明るいうちにお出かけしましょう。できれば毎日、少なくとも1週間に1回以上は外出するというくらしのリズムをつくることが大切です。

生協10の基本ケア® 8
いつものくらしが大切

夢中になれることをする

友人の数や趣味の有無は、高齢期の健康を左右するといわれます。友人も趣味も、元気なときから意識して大切にしましょう。それが、生涯にわたって在宅での自立したくらしにつながります。

友人と話が弾むとき、趣味に没頭しているとき、映画や小説に入り込んでいるとき、夢中になっている自分に気づきませんか。

本書の「生協10の基本ケア®」1から5では、くらしの基本、日常生活の動作に注目しました。6から8では、社会生活、いつものくらしの大切さを再認識しています。

この章では、いつものくらしの中で夢中になれることを探ってみたいと思います。

元気なときから
知っておくこと・できること

　ふだんのくらしで夢中になれることには、どんなことがあるでしょうか。

　「時間に余裕ができたら、もう一度○○したい」と思ったことはありませんか。その気持ちは今でも続いていますか。続いていたら、それがあなたの「夢中になれること」かもしれません。

　週に1回、ギターのレッスンに通う、月に1回、釣りをする、演劇・映画観賞、着物の着付け、登山、農作業、スポーツ、習字、絵画、歌、ゲーム…。なかには、予備校に通って勉強をしなおす人もいます。大学も専門学校も社会人に門戸を開いています。

　ほかにも、くらしの中にはたくさんの「夢中になれること」が転がっています。

　家中の物の整理に夢中になったり、家族の写真や動画を整理・編集したり、食品ロスをなくす料理に挑戦したり、アイロンかけが大好きだったり、窓ふきしながら運動したり、季節ごとに花々を植え替えたり、洋服のリフォームを楽しんだり、ペットを育てたり…と、ふだんのくらしにも、ついつい夢中になることがたくさんあります。それだけで、ずいぶん日常生活を支えています。

　ついつい夢中になってしまうことを書き出してみましょう。毎日の、あるいは毎週、毎月、毎年のルーティンにできることも多いのではないでしょうか。

集中力を発揮する

　楽しいこと、おもしろいこと、ワクワクすること、興味のあること、好きなこと、自分の得意なこと、誰かの役に立つことなど、何かに夢中になっている時間は、実はとても集中力を発揮している時

間です。集中力を発揮するとき、そこには「ここまでやる」「こうなったらOK」など、自分なりの目標、自分らしさの表現があります。

たとえば、庭に野菜を植えていると、それを見ていたご近所の人たちが手伝ってくれることもあります。するとそこには、自分だけでなくご近所も交えた楽しみが生まれます。「野菜ができたら、みんなで食べましょう」というおいしさを分かち合う未来が見えてきます。このような日々が気持ちを前向きに保ち、社会的孤立の予防にもつながります。

家族介護をしている人は、介護する人の「夢中になれること」も介護を受ける人の「夢中になれること」も、一緒に探してみませんか。介護する人の「夢中になれること」はその人の健康寿命を延ばし、介護を受ける人の「夢中になれること」はリハビリや重度化予防につながることが期待できます。

フィットネスジムで黙々と…？

ところで、フィットネスジムに行くと、黙々とランニングマシンやウエイトトレーニングで身体を鍛えている高齢者を見かけます。「夢中になれること」を実践中なのですが、本当に黙々としていて、人とのかかわりがない場合もあると聞きます。そこにぜひ、人とのかかわりをプラスしてください。

フィットネスジムなどの身体活動は、体力づくり、健康づくりとして行われることが多いと思いますが、フレイル予防、介護予防には、少し物足りないようです。

フレイルに関する研究（次ページ・図8-1）を見ると、身体活動だけよりも、文化活動や地域活動など、人とのコミュニケーションを要する社会参加をプラスしたほうが、要介護になりにくいことがわかっています。

長い長い歴史を今日まで築いてきた人類にとって、人との交流はどうしても欠かせないものなのですね。

ちなみに、高齢者の体力は以前より向上したといわれますが、社会性は落ちているとか…。ひとり暮らしが増えるこの先、どうなっていくのでしょうか。

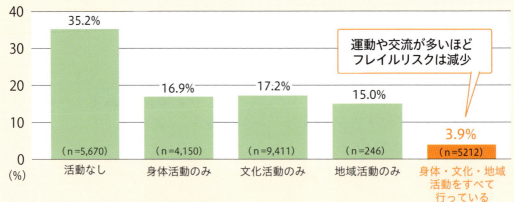

図8-1）活動別にみたフレイルの構成割合

出典：「地域在住高齢者における身体・文化・地域活動の重複実施とフレイルとの関係」
第66巻『日本公衆衛生雑誌』第6号（2019年6月15日）を元に作成

デイサービスのレクリエーション

「デイサービスなんか、行きたくない」「幼稚園みたいなお遊び、したくない」という高齢者の声をよく聞きます。

いつのまにか、デイサービスは子どもじみた「お遊び」をするところというイメージがついてしまいました。ですが、デイサービスは「お遊び」が目的ではありません。レクリエーション[1]を通して、介護を受ける人の身体能力を観察、把握し、集中力を引き出すなどのリハビリの目的があります。今では、デイサービスの活動も多様化し、利用者の選択肢も増えました。

これからデイサービスを利用しようと検討中であれば、時間や場所、建物の善し悪しや料金だけでなく、どんなレクリエーション活動をしているか、リハビリ効果は期待できるのか、というようなこともあわせて考えましょう。

そして、「デイサービスに行く」ということ自体が、定期的な外出になり、引きこもり防止、社会性の維持、心身の活性化につながることも忘れず、上手に利用しましょう。

レクリエーション「うちわパタパタ」ゲーム

写真は、「あすなら」で行われている

---

[1] 介護事業所のレクリエーションは単なる遊びではなく、レクリエーションによって気持ちを高揚させ、その気持ちに沿って身体が動くよう、ADL（日常生活動作）の維持・改善をめざしています。単純なリハビリだけでは動かしにくい筋肉や関節も、レクリエーションによって動きやすくなることがあります。

夢中になれることをする

レクリエーション、その名も「うちわパタパタ」ゲームです。チームに別れ、ビニール紐でつくった物体（図8-2）を宙に飛ばし、自分たちの陣地に落とさないようにうちわでパタパタと扇ぎます。ビニール紐が落ちた陣地のチームが負け。

利用者はイスに座ったままで、家族や職員は後ろに立って応援します。

「そんなお遊び、イヤだな〜」と思っていても、いつのまにか、利用者も家族も職員も大きな声で笑いながら夢中になっています。とても楽しそうなのです、なぜでしょうか。

人は、ゲームの要素が入ると勝負を意識して夢中になるといわれます。夢中になると、集中力が高まります。心が動き、つられて身体が動きます。身体が動けば、心は軽くなり、笑顔が生まれます。利用者にとっては、身体機能の維持・改善につながります。家族や職員にとっては、大きな声で笑ったり、身体を動かしたりすることで、ちょっとした運動不足やストレス解消になるかもしれません。

とはいえ、利用者がレクリエーションに参加する場合、気をつけるポイントがあります。

まず、身体機能を見極めて、座る場所やイスの高さなどを考えます。利用者に合ったイスを用意して、きちんと足が床についているかどうかを確かめます。列の端に座っても大丈夫なのか、思わず立ち上がったときに姿勢が崩れないようにできるか、利用者一人ひとりの動きに対応できるよう、職員の立ち位置を考えて臨みます。

「夢中になる」ということは、自らの意思で参加するからこそです。興味のないレクリエーションへの強制的な参加は、つらいことです。職員も利用者も、自ら参加したいと思うような「夢中になれる」レクリエーションをともに考えましょう。

図8-2）「うちわパタパタ」ゲームの様子とビニール紐

季節の行事

あるとき、「あすなら」の職員から「何もかも施設で行事をするんじゃなくて、近くのショッピングモールで雰囲気を楽しんでもいいよね！」❷という提案がありました。

そこで、外出と行事を兼ねて、ショッピングモールに出かけることにしました。職員も家族も、ついでにショッピングを楽しみます。外食すると、会話も弾みます。利用者にとっては久々に心が弾むひととき、夢中になります。

そんなことがきっかけで、ほかにも家族介護者がゆっくり休める企画や、利用者の「故郷お墓参り1泊ツアー」など、思い切ったイベントも行いました。また、季節の行事にも毎年取り組みます。これらの行事には、企画段階から利用者にも参加してもらいます。利用者は自分がかかわることで一生懸命考え、それが楽しみの発見につながり、「今度は何をしようか」という近未来、希望をつくりだすことになります。それが生きる意欲です。健康寿命につながります。

このような実践を可能にする出発点に、排せつの自立――オムツ外しがあります。本書、「生協10の基本ケア®」の1は換気でした。窓を開け、外気を取り入れ、外の世界とつながることを忘れてはいけません。2は、足の裏をしっかりと床につけ、立ったり座ったり。そして、3の排せつの自立。要介護であっても、ここからできることが一挙に広がります。

元気なときから、「生協10の基本ケア®」を一つひとつ意識して、ふだんのくらしの中にある「夢中になれること」を大切にしてみませんか。

❷ たとえば、クリスマスの時期には、施設内を飾りつけるより、近くのイルミネーションを見に行きます。施設内の飾りつけよりずっと豪華なクリスマス気分が味わえます。

生協10の基本ケア® 9
私が人生の主人公

ケア会議をする

ケア会議とは、介護が必要になったとき、どのような介護を受けて自分らしいくらしを維持するか、そのプランを決める会議です。自分が要介護になったら「ケア会議の主役は私」と心得ておきましょう。

「介護のことはよくわからないから…」と、これからの人生を人任せにしてしまうのはよくありません。たとえ、任せたいと思う人が介護の専門職であっても、家族であっても、です。なぜなら、自分の命・身体・くらし・人生を決める主人公は、ほかの誰でもない自分自身ですから。

要介護者は迷惑？

「要介護になったら迷惑をかけるから…」、よく聞く言葉です。善意から出た素直な言葉ですが、要介護は迷惑と思ってしまう気持ち、そのままでいいのでしょうか。

要介護者は、実は障害者（中途障害者）でもあります。ですから、「要介護になったら迷惑をかける」と言うのは、「障害があると迷惑をかける」と言うのと同じになってしまいます。悪気はなくても、「障害者は迷惑」ということになってしまいませんか。さらに、自分を自ら「迷惑な存在」に貶めるのはやめませんか。

もうひとつ、よく聞く言葉があります。「家族に迷惑をかけられないから、施設に入る」という言葉です。家族に遠慮して本当の気持ちを置き去りにしていませんか。「自宅で最期まで」と思う気持ちを手放していませんか。

「要介護＝迷惑」という発想は、もう終わりにしましょう。「要介護になっても大切にされる」「尊厳が護られる」という価値観を次世代に残しましょう。

要介護になったら、介護保険サービスを受ける権利を最大限活用して、with介護で自分らしくくらしましょう。自分はどこでどう生きていきたいのか、人生の主役は自分自身です。

権利意識のアップデート

いわゆる健常者でなくても、要介護者も障害者も子どもたちも、お腹に赤ちゃんがいるお母さんも、子どもを抱っこしているお父さんも、病気と闘っている若者も、疲れて帰るサラリーマンたちも、誰も迷惑な人ではありません。

権利意識をアップデートしましょう。誰もが受け入れられる社会の基盤づくりは、若い人のようには動けない高齢者が多数を占めるこの半世紀が勝負です。そうしてつくられる社会は、誰にでもやさしい社会になるはずです。次世代に引き継ぎたい社会です。

元気なときから
知っておくこと・できること

ケア会議は、介護保険で使える介護サービスの組み合わせを決める会議ではありません。自分の命・身体・くらし・人生をサポートする自立支援、在宅支援のためのケアプラン（図9-1）を決める会議です。

「他人様のお世話になるのは気が引ける」と言う人もいます。けれども、介護は「お世話になる」のではなく、介護を受けて自分らしいくらしを営むことです。ですから、積極的に介護保険を使い、主人公としてケア会議に臨みましょう。

ケア会議をする 9

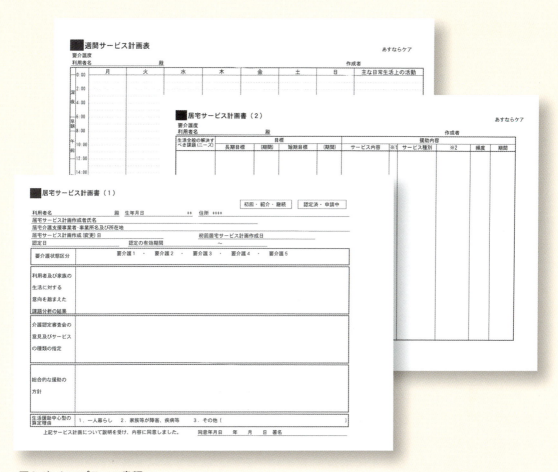

図9-1) ケアプランの書類

> ●居宅サービス計画書（1）
> 　利用者の生活に対する希望、家族の介護に対する希望を記入する書類です。
> 　利用者・家族の希望を踏まえつつ、利用者の要介護度とニーズを把握し、チームでどのようにサポートしていくか、総合的な取り組み内容が記入されます。
>
> ●居宅サービス計画書（2）
> 　ここには、〈居宅サービス計画書（1）〉に基づき、より具体的なサービス内容を記入します。
> 　利用者の課題を明確にしつつ、課題を解決するための長期・短期の目標を定め、具体的な介護サービスを決めていきます。インフォーマルなサービス（近隣の助け合いやふれあい喫茶など）についても、記入しておきます。
>
> ●週間サービス計画表
> 　月曜日から日曜日までのサービス内容を記入する書類です。1週間の基本スケジュールと1日の生活リズムを把握し、利用者のニーズや長期・短期の目標とサービス内容の整合性を確認します。また、どの介護サービスを何曜日に何時間ほど利用するのか、1週間のリズムとバランスを考えます。
>
> ケアプランは、利用者の状態や利用者をとりまく環境の変化に応じて、随時、見直します。

家族のための会議ではない

ケア会議では、介護を受けるその人自身が、どうくらしたいか、どう生きたいかを主張します。とはいえ、それらは頭の中ではイメージできても、いざ言葉にしようとすると、なかなかむずかしいものです。

そこで、言葉にならないところを上手に言語化し、サポートしてくれるのが、ケアマネジャーや介護福祉士、介護にかかわる専門職の人たちです。

「私は、こういうくらしがしたい」という主張があってこそ、専門職の助言が活き、最適なケアプランが整います。

ともすると、家族任せにしてしまいがちですが、ケア会議は家族の希望を実現するための会議ではありません。家族が楽になる方法を考える会議でもありません。

もし、家族としてケア会議に参加する機会があれば、介護を受ける人が自分の人生に積極的でいられるようにサポートしてください。

アセスメント

どうくらしたいか、どう生きたいか、というイメージを言葉にするのはむずかしく、自分では気づかないことも多々あります。介護の専門職は、その言葉にしにくいことを発見していく手立てを学んでいます。それをアセスメント[1]といいます。

たとえば、医師は患者の訴えだけでなく、さまざまな検査をしながら診断・治療を行いますが、介護のためのアセスメントはそれに似ていて、ケアプラン作成のための検査のようなものです。

利用者や家族の話（現状だけでなく、これまでの人生のあれこれも）を聞きながら、客観的・総合的に考え、その人の現存機能（65ページ・注[1]）を活かしたくらしの継続や要介護度改善に向かうよ

📝 こぼれ話〈アセスメントのためのツール〉

国際生活機能分類（ICF：International Classification of Functioning, Disability, and Health）は、病気や障害のある人の社会参加促進をめざすアセスメントツールとして、2001年、世界保健機関（WHO：World Health Organization）で採択された世界共通のツールです。日本の介護現場でも積極的に使われています。

---

[1] アセスメントとは、評価や査定を指す英語（assessment）が語源で、「人やものごとを客観的に評価・分析する」という意味です。介護では、対象者の要望をくみ取り、その状態を分析・評価することがより適切なケアプランを立てるために欠かせません。

う、「こうしたらいかがでしょうか」「このようなお考えではないでしょうか」と言語化しつつ、「こういうプランはどうでしょうか」と示してくれます。

　客観的な情報をもとに、その人の想い、希望、価値観、考えていること、楽しみにしていること、不安に感じていること、心地いいと感じること、不快に感じていること、などを発見していきます。

そうして、より適切な介護保険サービスを利用し、これからのくらしをつくりだしていきます。

ケア会議、たとえば…

　世間には、サービスの組み合わせを考えるだけのケア会議や、できあがったプラン（79ページ・図9-1）にハンコを押すだけでケア会議をしたことになってしま

ケアプランをつくる

■ **生きる意欲を引き出す**

　利用者が自分でできることは何なのかを見極めます。その人らしさが尊重された生活環境がどのようなもので、日課や生活習慣をできるだけ変えないようにします。なかでも、「生協10の基本ケア®」の4．あたたかい食事をする、という環境づくりは大切なポイントです。「お腹が空いた」「おいしそう」という気持ちは、生きる意欲そのものだからです。その意欲が萎んでしまわないようにします。

■ **利用者の情報を得る**

　「あすなら」の職員は、必ず利用者の家を訪ねます。家の雰囲気、家具や物の配置、くらしの動線、部屋の匂い、ふだんよく使う食器や雑貨、家族や親せきの状況など、いろいろなことを把握します。家族介護者の有無や介護力、経済的な状況、本人の生い立ちなども、本人の了解を得て家族からも直接話をうかがいます。

■ **みんなで話し合う**

　「あすなら」のケア会議には、専門職も利用者も家族も参加することが原則です。利用者にかかわる職員は、職種や部署の垣根を越えて参加し、チームケアに取り組みます。チームケアは、利用者の生活再建プロジェクトチームのようなものです。

　チームケアに取り組む中では、専門職、家族のキーパーソンは誰なのかを把握します。生活相談員、医師、正規職員・パート職員、家族も含めて、利用者の生活について話し合い、確認し、共有します。

う、そんなアリバイ的なものもあります。

「えっ？ ケア会議って何？」という人もいるのではないでしょうか。介護をする人であれ、介護を受ける人であれ、ケア会議についての知識も介護に大切な備えです。

「今はオムツだけど、トイレで排せつできるようになりますか？」
「胃ろうを外して、口から食べられるようになるには、どうしたらいいの？」
「手をついて立つ練習、このプランでしてもらえますか？」

「生協10の基本ケア®」は、自立を支援するケアを一貫して行い、利用者が住みなれた地域で、自宅で、自分らしくくらし続けられるように考えられています。介護に直面する前に、ぜひ「生協10の基本ケア®」を学んでおきましょう。

自宅が拠点の介護サービス

● 訪問介護

ヘルパーが自宅を訪問し、生活介護または身体介護を行います。生活介護は、掃除や洗濯、買い物など。身体介護は、入浴や食事、排せつなどの介助です。頻度は、要介護度によって異なります。介護保険の制度上、提供できるサービスとできないサービスがあります。

● デイサービス

デイサービスは「通い」の事業所です。リハビリや生活リズムをつくるのに適しています。自分の趣味や目的に合ったデイサービスを選びましょう。自分に合わないデイサービスは、ケアマネジャーに相談して変更を検討しましょう。

● 小規模多機能型居宅介護

いわゆる小多機です。ここでは、ふだんは訪問介護、週1回はデイサービス（通所）、ときどきショートステイ（宿泊）というように、3種類のサービスを組み合わせて利用することが可能です。たとえば、退院後など、在宅での生活に戻る準備としてショートステイから利用をはじめる人もいます。

加えて、医療的ケア（医師や看護師による処置など）を提供する看護小規模多機能型居宅介護（通称：看多機）という事業所も徐々に増えてきています。

● 定期巡回・随時対応型訪問介護看護

24時間365日対応が可能なサービス、いわゆる定巡です。取り組んでいる法人は、まだまだ少ないようです。

「あすなら」では、早くから取り組みはじめました。その一環としてテレビ電話も活用しています（図9-2）。

この定巡によって、特養の待機者が減りました。やはり、みんな「自宅で最期まで」を望んでいるのですね。

図9-2)テレビ電話を使って顔が見えると安心です。

施設入所の前に…

「自宅で最期まで」の大切さを理解しつつも、やはり、老後の選択肢のひとつとして、「施設に入る」は存在し続けます。

施設では安全・安心が守られますが、出入りの自由が制限されたり、食事メニューが限定されたり、日中の活動が少なくて退屈、さみしい、という現実もあります。入浴も、毎日というわけにはいきません。そういったことが、入居者の現存機能を奪ってしまう場合もあります。

また、施設入所は、多かれ少なかれ集団生活を伴います。そこに、人間関係はつきもの。三食昼寝つき、フィットネスもサークルも旅行も満喫できる豪華な有料老人ホームでも、ほかの入居者との人間関係に悩む人もいます。誰しも人生のフィナーレを人間関係に悩みたくはありません。

ですが、施設に入所するということは、在宅復帰も転所もほぼ不可能という覚悟が必要なのかもしれません。

なお、施設側から退所（在宅復帰や転所）を求められる場合があることも心得ておきましょう。要介護の度合いや医療的ケアを要する場合、看取りが必要な場合など、施設によっては対応できないケースがあることや、ときには経営難で施設が閉鎖されることもあります。

蛇足ながら、「家族に迷惑をかけられない、だから施設に入りたい」という高齢者もいますが、施設は「迷惑」の受け入れ場所ではありません。職員も「迷惑」処理を仕事にしているのではありません。施設が入居者にとって大切なくらしの場となるよう尽力しています。

施設の選び方については、書籍やインターネットに情報があふれています。

加えて、「生協10の基本ケア®」を実践している施設かどうか、チェックポイントにしてください。

表）介護が必要になったとき、在宅でのくらしを支えてくれる専門職

名　称	役　割
医師 （かかりつけ医）	ふだんの状態をよく知る「かかりつけ医」が定期的に訪問診療を行い、治療や状況観察を行います。要介護認定のための主治医意見書、多職種連携の意見書作成、ターミナルケアなど、医療の領域を中心に在宅でのくらしをサポートします。
訪問看護師	定期的に居宅を訪問し、日々の健康管理や服薬管理・看護処置・応急処置などを行います。体調変化を早期に見極め悪化を防ぐなど、在宅医療が必要な場合、最も身近な存在です。夜間や緊急時の医療に対応する24時間対応の訪問看護ステーションもあります。
介護福祉士	介護分野で唯一の国家資格で、介護にかかわる一定の知識や技能を習得した専門職です。介護ニーズのある利用者のくらしに向き合い、心身の状況等を把握し、その人らしいくらしを続けるために必要な支援や環境の整備を行います。介護現場においては、専門性をもってチームケアを推進するリーダーの役割を担うことが期待されています。
理学療法士（PT）	病気の後遺症や老化により低下した身体機能の維持・改善を目的にリハビリテーションを行います。基本動作（座る・立つ・歩くなど）の回復や、悪化を予防して在宅生活を継続できるようにします。
作業療法士（OT）	身体的なリハビリテーションでは、身体の動きを応用して日常生活の動作がスムーズにできるようにします。心理的なリハビリテーションでは、不安な心に寄り添いながらメンタルを整えるようにします。
言語聴覚士（ST）	発声（言葉がうまく出てこない）や嚥下（飲み込む力）が困難な人を対象に、コミュニケーションや食事がスムーズに行えるよう、リハビリテーションを行います。
管理栄養士	管理栄養士は食と栄養に関する知識、技術をもつ専門職であり国家資格です。病気療養中の人、高齢で食事がとりづらい人など、一人ひとりの状況に合わせた栄養指導や栄養管理を行います。また、大勢の人の食事を提供する給食施設現場などの管理業務も行います。
介護支援専門員 （ケアマネジャー）	利用者の状況に合わせた介護サービスを受けるためのケアプラン（居宅サービス計画書）を作成し、サービス事業者との連携、調整を行います。 できるだけ自立した日常生活を送れるよう、状況を把握（アセスメント）する／ケアプランに基づく介護サービスが利用者のニーズに適しているか定期的にチェックする／役所への手続きを代行するなど、業務は多岐にわたります。
地域包括支援員	地域包括支援センターで働く専門職で、高齢者やその家族がかかえるさまざまな課題に対し、総合的な相談や支援を行います。主な業務は、相談を受け適切なサービスや支援を提供する「総合相談」、虐待防止や成年後見制度の利用支援などを行う「権利擁護」、介護予防のための支援を行う「介護予防」、地域全体で高齢者を支えるネットワークを形成する「地域支援」があります。
福祉用具 専門相談員	福祉用具を選ぶときのアドバイス、使用方法の説明、身体の状況に合わせた定期点検など、在宅で福祉用具が安全に使えるように支援します。住宅改修の際には、施工業者と連携し、行政への申請代行業務なども担当します。
相談支援専門員	障害のある人が地域で自立した生活を継続できるよう相談や支援を行います。障害の程度によって65歳以上でも障害者手帳を取得でき、介護保険サービスとあわせて障害福祉サービスを利用できます。

※利用者や家族の都合などによって専門職の交代が必要な場合には、地域包括支援センターや身近な事業所などに相談してみましょう。

生協10の基本ケア® 10
私が人生の主人公

ターミナルケアをする

戦後すぐの日本には、「生まれる」「亡くなる」という風景がくらしの中にありました。

それらが病院など医療機関での風景になったのは、1970年代の半ばです（次ページ・図10-1）。

あれから数十年。

大介護時代の到来は、「亡くなる」ということをくらしの中で見つめなおす機会を与えてくれるかもしれません。近い将来、さまざまな人生観・死生観が育まれ、磨かれ、老いても病気でも障害があっても安心してくらせる社会が築かれる——。

今日の大介護時代は、その出発点と考えても大げさではありません。

元気なときから知っておくこと・できること

「自宅で最期まで」は、希望ではなく権利です。自分が住んでいた家に最期まで住むのは当然のこと。死を目前にしていたとしても、生きる権利の行使は最期まで自分のものであるはずです。

自分のターミナルをどう迎えるか、高齢期前から考えても早すぎることはありません。加えて、「死にゆくプロセス」について深く学ぶ機会が必要です。死は、自分の人生の最終章です。若いときから老いや死について考えることは、きっと豊かな人生観・死生観を育むことにつながるでしょう。

ACPという言葉をご存じですか。Advance Care Planningの略です。「人生会議」と訳されます。文字通り人生について話し合う、という取り組みです[1]。

厚生労働省のHPには、次のようにあります。

「人生会議」とは、もしものときのために、あなたが望む医療やケアについて前もって考え、家族等や医療・ケアチームと繰り返し話し合い、共有する取組のことです、と。

自分の最期について親しい人と話し合い、より自分らしく人生の幕を閉じたいものです。

図10-1）死亡場所別にみた死亡数の構成割合の年次推移　　出典：厚生労働省「厚生統計要覧（令和3年度）」

---

[1] 「ACP　神戸大学」の検索ワードで、「『自分で始められる』ACPリーフレット」をダウンロードできます。
https://www.med.kobe-u.ac.jp/jinsei/acp_kobe-u/acp_kobe-u/acp01/index.html （2025年3月20日閲覧）

自宅でターミナルケアを実施するには、介護職・医療職など、プロの力が必要です。本人の想いを聞き、その想いに沿った最期までのくらしを支えます。そのためには、本人・家族、介護・医療に携わる人々との協力は欠かせません。自分が要介護認定を受ける初期から、本書の9で述べたケア会議にはしっかり参画しましょう。

救急車で運ばれた伊藤さん

伊藤さん（仮名・87歳・要介護1）は、日ごろから「延命はいらない」と周りに伝えていました。週2回訪れる看護師もそれを知っていました。

ある日、伊藤さんが看護師の前でけいれんを起こしました。「延命はいらない」と言っていたことを看護師は覚えていましたが、それでも救急車を呼びました。

伊藤さんは急性期病院に入院しました。結果、脳腫瘍があることがわかり、切除手術を受けました。術後は意識ははっきりしていて、会話もできましたが、手にしびれが残り、咀嚼や嚥下に問題はないにもかかわらず、食事がうまくとれません。

そこで、医師から胃ろうの提案がありました。けれども、伊藤さんは「胃ろうはイヤです」と答えます。

それでも、伊藤さんはお腹が空きます。病院も、食事をとらせないわけにはいきません。そこで、病院がとった措置は、食事介助ではなく経鼻経管栄養でした。伊藤さんは、その管が気持ち悪くて抜こうとしました。すると今度は、伊藤さんの手にミトン手袋がかぶせられ、手の自由を奪われてしまいました。

伊藤さんは、そのまま徐々に話もできなくなり、2か月ほどで寝たきりになりました（要介護5）。管につながれてからは、医師や看護師との会話も困難になったことでしょう。お見舞いの人とも話せなくなって、起きている時間も徐々に減り、半年後に亡くなりました。本人が望まない死でした。

そこで、みなさんに質問です。
① 伊藤さんの「延命はいらない」という想いは、「救急車を呼ばないでください」という意味だったのでしょうか。そばにいた看護師は、救急車を呼ばないほうがよかったのでしょうか。
② 伊藤さんは、「胃ろうはイヤです」と言いました。この言葉は、「経鼻経管栄養にしてください」という意味でしょうか。「口から食べたい」という意味でしょうか。「延命はいりません」という意味なのでしょうか。
③ 「口から食べたい」「延命はいらない」を、伊藤さんは、いつ・どこで・誰に・どのように伝えておけばよかったのでしょうか。

本人が亡くなったあとに、「こうしておけばよかった」「なんで、あのとき…」と、いろいろ考えてしまいます。ですが、あとになっても、正解はわかりません。

「延命はいりません」?

家族やケアマネジャー、ヘルパー、友人・知人に「延命はいりません」と伝えている人も多いことでしょう。

さて、それだけで望み通りの最期を迎えることができるのでしょうか。

たとえば、伊藤さんのように救急車を呼んだ場合、救急隊員は救命することが使命です。「延命はいりません」は通用しません。本人も周りも、「どうしていいかわからない」「どうなるかわからない」という状況だから救急車を呼んでいるのです。どこまでが救命で、どこからが希望しない延命なのか、実際のところ判断するのはむずかしいのではないでしょうか[2]。

ましてや、気力・体力が衰えた高齢期に、要介護5の状態のときに、認知症が重度化したときに、救急車を呼んだその場で「延命はいりません」と的確に伝えることができるのでしょうか。

「延命はいりません」という言葉を、ただの日常会話で家族や周りに伝えていても、その想いの実現はむずかしいこともあると心得ておきましょう。どのような状態の場合にどうしたいのか、一度は言語化してみる必要がありそうです。

千葉県船橋市のある地域では、医療機関と介護事業所が連携して、地域の高齢者を対象に「どのような最期を迎えたいか」ということをシートに書き記す取り組みを行っています[3]。シートは、必ず自分で記入します。そして、誰の家にもある冷蔵庫に入れておきます。もしものとき、訪ねてきた誰かにそのシートに沿って対応してもらいます。救急隊も同様です。

いつ、どのように死を迎えるか、自分で決めきることはできませんが、介護や医療をきっかけに地域でつながることが、「望まない延命」を避けるための備えのひとつといえそうです。

---

[2] 東京消防庁のホームページには「心肺蘇生を望まない傷病者への対応について」という医療機関向けの資料（令和元年12月）が公開されています。そこには、「心肺蘇生を望まない意思」が明確な場合、できるだけ本人の意思を尊重できるような体制を整備し運用要件を定めたとあります。一度、ホームページをのぞいてみましょう。
https://www.tfd.metro.tokyo.lg.jp/lfe/kyuu_adv/acp.html（2025年3月20日閲覧）

[3] NHK地域づくりアーカイブス配信動画「希望に沿った最期を実現するネットワーク」では、緊急時の連絡先や希望する対処方法など、自分の想いを事前に記入しておく「ひまわりシート」が紹介されています。
https://www2.nhk.or.jp/chiiki/movie/?das_id=D0015010760_00000（2025年3月20日閲覧）

10 ターミナルケアをする

「意向伺い書」

高齢者施設や在宅医療・介護でも、ケアプラン作成の際には「意向伺い書」が用意されます。加えて、最近ではターミナル期（終末期）の意向をうかがう書類も用意されるようになりました。いずれも施設・事業所によって異なりますが、「人生の最期をどう迎えるか」という課題に、真摯に向き合おうとしています。

あなたは、自分のターミナル期をイメージしたことはありますか。身体は動くのか、意識はあるのか、家族はいるのか、ひとり暮らしなのか…など、一つひとつ考えていくと、何となく描いていたイメージでは追いつかないことに気づきます。

また、家族や親しい人たちに、何を伝えておけばいいのでしょうか。もちろん、亡くなったあとのことも含めてです。家族がいる場合とひとり暮らしの場合では、おのずと内容も変わることでしょう。自分の想い、一度、言語化してみませんか。

「あすなら」のスタッフに聞きました！

70歳からはじめる「わたしのライフデザインノート」

2024年春、あすなら版エンディングノート「わたしのライフデザインノート」を作成しました（図10-2、次ページ・図10-3）。サービス契約時に記入していただく意向伺い書だけでは、本人の想いを十分に知ることがむずかしいと考えたからです。

終末期のことを自分事ととらえておられる方は少なく、年齢が80歳や90歳になっても「今はまだ大丈夫」「元気だから考えられない」と意思表示を後回しにされる方が多くみられます。

このノートでは、書きはじめる時期を「70歳を迎えたころから」と具体的に提案しています。元気なうちに書けるところから記入いただき、大切な人と共有しておくことが重要です。

また、このノートの中には、「あすなら」がサービス契約時に使用しているターミナルケアの意向伺い書と同じ質問が含まれています。

このノートを書いてくださった方が、後に「あすなら」のサービスを望まれたときは、ノートの一部を共有いただいて、可能な限りご希望通りの介護やターミナルケアが実施できるよう努めたいと思います。

図10-2）わたしのライフデザインノート

図10-3) わたしのライフデザインノート

ターミナルケアをする 10

介護のこと

生活したい場所
- □ できる限り、住み慣れた自宅で過ごしたい
- □ 家族親族の家でくらしたい
- □ 介護が受けられる施設で過ごしたい
- □ その他

介護してもらいたい人
- □ 家族・親族
- □ 介護サービスの事業所
- □ その他
- □ 特に希望はない

介護にかかる費用
- □ 出来るだけ自分の定期的な収入でまかないたい
- □ 自分の収入で足りない場合は、貯蓄からまかないたい
- □ その他

手続きや管理を任せたい人
- □ お願いしている人がいる

氏 名	間柄
住所または電話	

- □ 今はお願いしている人がいない
  これからお願いしたい人は（　　　）に委ねたいと思います。
- □ 家族・親族
- □ 知人
- □ 成年後見制度※1を利用したい
- □ その他

食べ物について
- □ アレルギーがあって食べられない食材（　　　）
- □ 苦手なので食べられない食材・メニュー（　　　）
- □ 好きな食材・メニュー（　　　）
- □ 好きなおやつ（　　　）
- □ 好きな味付け（濃い・薄い・甘い・辛い・その他）
- □ 食べ物へのこだわり（　　　）

トイレについて
- □ 可能な限りトイレで用を足したい
- □ あまり無理をせずにオムツに頼りたい
- □ その他（　　　）

お風呂について
希望したい入浴の回数
- □ 週1回～2回
- □ 週3回～4回
- □ 週5回～7回

湯船につかることについて
- □ 毎回湯船につかりたい
- □ ときどき湯船につかりたい
- □ 冬場は湯船、夏場はシャワー
- □ 毎回シャワーで済ませたい

- □ お風呂のこだわり（　　　）

お出かけについて
介護が必要になっても日常的に連れて行って欲しいところ
- □ 近所へ散歩
- □ スーパーなどの商業施設
- □ 喫茶店やレストラン
- □ 公園や自然が多い場所
- □ その他（　　　）

年に1回は行きたいところ
- □ お花見
- □ 紅葉
- □ 温泉
- □ その他（　　　）

住みたい環境について
- □ 置きたいもの（大切な家具・インテリアなど）（　　　）
- □ 好きな音、心が落ち着く音（　　　）
- □ 苦手な匂い（　　　）
- □ 施設に自宅から持っていきたいもの（　　　）

終末期のこと

ターミナルケアの意向伺い書（私のターミナルケアに関する希望書）
2024年3月現在、社会福祉法人 協同福祉会で使用している内容です。

私（私の家族）は具合が悪くなり、自分の気持ちが伝えられなくなったときには、以下のように考えていただくようにお願いします。ただし、予期しない突発的な事故の場合（例えば転んで意識がなくなった、のどにものが詰まったときなど）には以下に書かれたことではなく、通常の救急対応をお願いします。また、ここに書かれたことは、現在私が考えていることであり、私の意思で今後変更することもあります。その際に私が意思表示できる状態ではなかった場合の判断は、私の希望をよく理解している（　　　）に委ねたいと思います。

※当法人では、住み慣れた自宅で暮らし続けたいという希望の実現に向けて、全力でサポートさせていただきます。在宅や施設での看取りの実績も多数ございますのでご安心ください。
※現在のご本人さん、ご家族さんの考えをお聞きしています。考えがまとまっていない項目は空白でも構いませんが、ご本人さんの状況に応じて再作成をお願いすることもあります。

大きな体調の変化が見られた場合
- □ 私は自宅で最期を迎えたいと思います。
- □ 私は介護施設で最期を迎えたいと思います。（希望の施設　　　）
- □ 私は病院で最期を迎えたいと思います。（希望の病院　　　）
- □ 判断は担当医師（　　　医師）と相談して決めたいと思います。
- □ その他（　　　）

食事量や栄養状態が低下した場合
- □ 通常の食事と栄養補助食品（高カロリー飲料等）を併用してください。
- □ 通常の食事と今まで好きだった食べ物（　　　）を併用してください。
- □ その他（　　　）

口に運んでも食事をとれなくなったり、むせがひどくて食事がとれなくなった場合
- □ 必要な栄養が取れなくなっても、特別な医療処置は希望しません。
- □ 栄養をとるために必要なら経管栄養※2や食事代わりの点滴※3などを希望します。
- □ その他

※自宅や介護施設で自然な最期を迎える場合は、水分や栄養が少なくても苦痛が少ないと言われています。その場合、定期的に口を湿らせたり、甘いジュースを数滴含んでもらうなどのケアを行います。

心肺蘇生（心臓マッサージなど）について
- □ 心臓や呼吸が停止した時に救急蘇生処置※4をしないでください。

※自宅や介護施設での看取りを希望する場合はこちらをお選びください。

- □ 救急蘇生処置※4はしても人工呼吸器にはつながないでください。
- □ 人工呼吸器への接続も含めて積極的に蘇生処置※4をしてください。
- □ その他

当法人の施設で看取りを行う場合
- □ 家族が定期的に通い、面会することを希望します。
- □ 家族が永眠するまで宿泊し、付き添うことを希望します。
- □ 事業所の職員に看取りを任せます。
- □ その他（　　　）

※当法人の施設は最低限の医療行為しか行えないこと、看護師は日中のみの配置であること、医師が常駐していないことをご了承ください。

当法人の施設で永眠された場合
施設でのお別れ会について
- □ 希望します。
- □ 希望しません。

葬儀について
- □ 自宅か葬儀場で行ってほしい。
- □ 施設で行ってほしい。
- □ 葬儀はしなくてよい。

※施設でのお別れ会や葬儀を希望される場合、場所の使用は無料ですが、葬儀会社等を手配される場合はご家族でお願いいたします。葬儀会社等の紹介が必要な場合は紹介いたします。

その他の希望

終章

尊厳を護る
自立を支援する
在宅を支援する

　ここまでお読みいただいて、いかがでしたでしょうか。ふだんのくらしを、いつもより意識できたでしょうか。介護の不安、少しは和らいだでしょうか。ポジティブなイメージへと、アップデートできたでしょうか。

ふだんのくらしを意識する

　私たちは、お腹が空けばおいしいものを食べたいと思います。仕事で疲れたら、お風呂に入ってゆっくりしたいと思います。用事があれば外出しますし、外出すれば帰宅します。夜はぐっすり眠り、翌朝すっきり目を覚まし、昼間はできるだけ活動的に過ごしたいと思います。「生協10の基本ケア®」は、そんなふだんのくらしを大切にする考え方とケアスキルです。決して、介護職員だけが学べばいいものではありません。

　介護を巡る言葉のひとつに「生活再建」があります。要介護になっても、できるだけこれまでのふだんのくらしに戻したい・近づきたい、そんな想いを実現しようとする言葉です。
　ところが、これまでの介護は「お世話」が主流でした。そこには、「介護のお世話になるなんて…」と要介護者を恐縮させたり、過剰な「お世話」で身体機能を衰えさせたり、施設での「お世話」へと追いやったり、要介護者のふだんのくらし、「生活再建」には程遠いものでした。

　けれども、「生協10の基本ケア®」は違います。
　本人の意思を尊重し（尊厳を護る）、身体機能の回復をめざし（自立を支援する）、こ

れまでのくらしの場を奪わないようにします（在宅を支援する）。

　重心を移動できるから、立ち上がることができます。足の裏が地面につくから、歩くことができます。座位を保てるから、トイレに座れます。食事も会話もしっかりするから、コミュニケーションが続きます。「生協10の基本ケア®」は、そうした日常の動作に注目し、ふだんのくらしを取り戻そうとします。本人主体の「生活再建」に取り組みます。

「介護は大変」に備える

　そうはいっても、まだまだ「介護は大変」というネガティブなイメージが一般的です。
　そこで、「生協10の基本ケア®」は、「介護は大変」に対してどのような備えができるのか、考えてみました。

①「介護を受ける側にならない」備え ⇒ 安全と自律

　序章で紹介した「自立→快適→安全→自律」のサイクルを思い出してください。なかでも、安全に伴うちょっとした知識と意識で自らの行動を律し、転倒・骨折などの予防につなぎます。
　換気や正しい座り方・立ち方、お風呂の入り方など、「生協10の基本ケア®」は、ふだんのくらしに潜む小さなリスクを回避し、自立を保つ快適なくらしの維持に役立ちます。

②「介護を受ける側になる」備え ⇒ 介護の「受け上手」になる

　「生協10の基本ケア®」は、お任せ介護ではありません。
　介護をする人がどのように介助しようとしているか、要介護者がどのように介助を受ければよいか、介護をする人と介護を受ける人双方がタイミングと力を合わせます。その日々の積み重ねが、介護を受ける人にはリハビリになり、介護をする人にはやりがいにつながることをめざします。ぜひ、介護の「受け上手」になりましょう。

③「介護をする側になる」備え ⇒ 介護の「担い上手」になる

　世間でよく聞く「介護は大変」という言葉、これは介護をする人・担っている人の言葉です。ところが、多くの場合「介護を受ける側にならない」ことに集中し、「介護をする側になる」備えを考えようとしません。そのままで大丈夫でしょうか。

介護職員の不足が深刻な今、自分が家族介護の担い手になる可能性は少なくありません。だからこそ、少しでも介護の方法を学び、介護の「担い上手」になりましょう。

介護に対する3つの備えで「生協10の基本ケア®」のイメージは広がりましたか。

身近な人、大切な人とともに、介護を知り・学び合い、「介護は大変」というネガティブイメージを克服していきましょう。

高齢化率と健康寿命と平均寿命

ところで今、あなたは元気にくらしていますか。

日本人の健康寿命は、年々延びています。それに伴って、平均寿命も延びてきました。その差は、男性で約9年、女性は約12年になります（図）。統計上の数値ですので個人差はありますが、健康寿命以降の数年間のためにも「生協10の基本ケア®」で備えておきましょう。

ちなみに、主な年齢の平均余命は表のとおりです。あなたは、あと何年でしょうか。おそらく、平均寿命より長生きします。

図）健康寿命と平均寿命

出典：内閣府「令和5年版高齢社会白書」

表）主な年齢の平均余命

	年齢	40歳	50歳	60歳	70歳	80歳	90歳
平均余命	男性　年	41.97	32.51	23.59	15.56	8.89	4.14
	女性　年	47.77	38.16	28.84	19.89	11.74	5.47

出典：厚生労働省「令和4年簡易生命表」 https://www.mhlw.go.jp/toukei/saikin/hw/life/life22/dl/life22-02.pdf
（2025年3月20日閲覧）

超高齢社会の本番はこれからです。日本の高齢者人口は、2040年代にピークを迎えます。その後、高齢者人口は減りますが、高齢化率はまだまだ伸び続けます。2060年の高齢化率は37.9％、2070年には38.7％にもなります（内閣府「令和5年版高齢社会白書」）。そのころ、あなたとあなたの大切な人は、何歳になっているでしょうか。

　高齢者介護への関心が高まっている今こそ、自己責任、家族責任に追いやるのではなく、ケアという人間力のある社会をつくる好機です。

ケアという人間力のある社会

　本書では、高齢者介護を中心に「生協10の基本ケア®」を紹介してきました。ですが、ケアという言葉の概念は広く、高齢者介護だけを指すものではありません。

　命がけの妊娠・出産も、24時間体制の育児や介護も、365日の絶え間ない家事も、広くケアに含まれ、誰かがケアを必要とし、誰かが誰かをケアしています。

　人類の歴史はケアの歴史であり、ケアという人間力が今日の社会をつくってきたともいえるのではないでしょうか。

　「生協10の基本ケア®」も、そうした人類のケアという人間力のひとつの姿です。私たちは、この到達段階をさらに発展させ、次世代に引き継ぐべき役割を担っています。誰もが自分らしいくらしを継続し、最適なケアを受けて最期まで自分らしく生きることのできる社会に向け、みなさまとともに歩んでいきたいと願っています。

編集にあたって

「生協10の基本ケア®」スタートブック編集委員

　核家族化がすすみ、きょうだいのいない環境で育つなど、乳児がいる生活を経験することなく親になり、子育ての情報はインターネットで調べるということを耳にしますが、介護を必要とする家族がいる生活を経験することがないまま、離れてくらす親の介護、あるいは一緒にくらす家族の介護に直面するということも多いのではないでしょうか。介護を経験した方にとっても、それはつらい記憶かもしれません。

　本書では、編集にかかわったというより、その過程において「生協10の基本ケア®」を学ぶことになりました。実践と経験から生まれたプロのケアを少し知識として身につけておくことが、未経験の不安やつらい記憶から解放され、老いや衰えを受け入れながら前向きにくらしていくために必要なのだという考えに至りました。

　だからといって知識に縛られるのではなく、正しい知識をベースに、家族関係や家庭環境、それぞれの状況にあった介護のあり方を家族で話し合いたいと思いました。

市民生活協同組合ならコープ　理事長　吉田由香

　もっと早く、「生協10の基本ケア®」を知っていたならば…と過去を振り返って思います。

　自分自身も還暦を過ぎ、たくさんの身内を見送ってきました。そのなかには、突然の別れや、病院での長期入院、自宅介護もあり、その時々の自分を振り返ると後悔することもしばしばです。

　ですが、介護を自分だけの問題だと思って抱え込んで苦しんでいる人、がんばっているのに、ちゃんとしたやり方を知らず、自分も消耗してしまうような人を増やしたくないと切に願います。

　介護は、家族だけで抱え込むと苦しい面も確かにたくさんあります。そこを知識でカバーし、いかに軽くしていくかを考えることが大事だと思うのです。

　この本は、介護を受ける人、介護をする人、周りにいる人、そう、すべての人に読んでほしい一冊です。

社会福祉法人協同福祉会　評議員　有山富士美

　私が「あすなら10の基本ケア」を知ったのは、15年程前、生協の委員会活動のご縁でです。当時は、介護の学習会と聞くと、大変！暗い！イメージでした。そこに自分がいつか当事者になるという視点はなく、また「してあげる」という認識だったと思います。

　でも今、「生協10の基本ケア®」へと発展しました。学習会では、最期の一日まで、人として権利と尊厳を守ることを本気でめざしているので、あたたかくやさしい気持ちになります。何より、私事視点の気づきがあり、いろんな立場の方とともにめざす連帯感を感じます。

　人生100年時代、自分の人生を楽しく生ききりたいです。そのためにも、どんな立場の人でも、まず人として尊重し、その上で対等な信頼し合える関係性が築ける自分になりたいです。

　この本を通して、全国の生協の仲間とつながって、その価値を語り合い、共感し合う場づくりが、隅々まで広がることを願います。

社会福祉法人協同福祉会　評議員　板澤英子

　「写真はどれにする？」「イラストのほうがいいよね？」「こんな言葉、今は使わないよ？」、「カタカナ言葉が多いネ」など、ときには辛口の発言や笑い声ではじまった編集会議。

　あらためて、「生協10の基本ケア®」のもとになった「あすなら10の基本ケア」がいつごろ生まれたのか調べてみると、オムツ外しは2001年からとあり、あすなら苑が開設して間もないころからオムツ外しがはじまっ

たことを知りました。
　換気をする、トイレに座る、あたたかい食事をとる、おしゃべりや外出など、何気なくくらしている私たちの日常の一つひとつを大事にしていくこと、最後まで自分らしく生きるために、家族や地域の人とつながり、どう生きたいのか、自分の意思を伝えておくことが大切であることなど、本書編集に携わって深く学んだように思います。
　齢を重ねるごとに体の衰えや社会とのかかわりが薄れていきますが、「生協10の基本ケア®」をバイブルにして、地域と人とのかかわりを大切にして、自分に似合ったくらし方を考えていきたいものです。

社会福祉法人協同福祉会　評議員　牛谷光子

　初めて「生協10の基本ケア®」の原稿を読んだとき、私には読めない漢字や聞いたことのない言葉、意味は？と聞かれても正確に答えられないカタカナ語など、介護の仕事に就いていなければ知らないままでいたであろう数々の言葉に出会いました。そして、本を書いたことのない私にはどうかかわったらよいのかわからないまま参加したこの書籍編集委員会で、「知らない」と「知っている」の大きな差を経験しました。
　「知らない」ことが多いと不安が増します。でも、「知っている」ことは安心につながります。知識として「知っている」ことがあれば、経験していなくても想像することで不安が和らぐと思うのです。
　本書の作成に携わったメンバーのバイタリティーあふれる話しぶりや介護の現状を教えてもらうことで、この本がたくさんの人に読まれてほしいと強く思いました。そして、介護専門書として本屋さんに並ぶのではなく、人生の手引書として並んでいたらすてきだろうな、とも思いました。

社会福祉法人協同福祉会　評議員　木下智子

　50代後半になると、いろんな心配事が増えていきます。たとえば、年金受給の開始時期、結婚してない子どものこと、自分の仕事はいつまでできるのかなど…。それらに加えて、自分の老後、親の介護のことがあります。
　年金はきっと65歳からで、子どもなんて親がどうすることもできなくて、仕事は体力と頭がついていけるまで、と思いますが、一番不安なのは介護です。介護といっても、種類もたくさん、施設もいろいろ、何が正しいか、初心者にはよくわかりません。そんなときに、この本があれば少しは不安が解消するのではないでしょうか。
　今は、昔のように嫁が苦労して介護する時代ではありません。介護のプロがいるのです。自分の大切な家族がいつまでも快適に生活できるよう、ちょっとの知識があれば前向きになれるのではないでしょうか。
　体のケアだけでなく、心のケアも大切です。私の母は旅行が大好きです。「次はどこに旅行しようかぁ」っておしゃべりをよくします。また、孫たちに会えるのを楽しみにしています。そんな会話をしながら、ニコニコしている親の顔がずーっと続くことを願っています。

社会福祉法人協同福祉会　評議員　渡辺早苗

　「10の基本ケア」とは何か、社会福祉法人協同福祉会（通称「あすなら」）では25年間のケアで実践したことをまとめて「10章100項目」にしました。「10の基本ケア」はまさに、「自立支援ケア」だと思います。
　90歳になっても生協の個配や在宅ケアを利用して自宅でくらす人がたくさんいます。また、たとえば脳梗塞で入院された人の退院直後には、在宅サポートチーム（介護福祉士5人以上、看護師3人以上、セラピスト2人以上、管理栄養士2人以上、ケアマネジャー）をつくり、右片麻痺の人が右足、右手に拘縮をつくらないケアを「10の基本ケア」で実践します。

右麻痺の人が、右足、右手の筋力を使い筋力が維持できるケアをします。立ったり、座ったりできるとトイレに座れます。オムツをしないと食欲が出てきます。太ももの筋力を維持すれば脱水予防にもなります。
　一方で転倒・骨折など、大腿部頸部骨折のリスクがあります。立ち上がりのときの姿勢、立ち上がるときの手のつく場所など「10の基本ケア」のケア会議でリスクを減らすことを話し合います。介護・看護・福祉の現場でも「10の基本ケア」は欠かせません。
　私たちは情報を得ることが大切です。ケア（家事・育児・介護など）が尊重される社会のために、私たちには定期的な学習会が必要です。ケアのある社会こそ、エッセンシャルワーカーが育つ社会でもあります。
　「生協10の基本ケア®」を合い言葉に、誰もが住みなれた地域で最期まで自分らしくくらすための取り組みの輪を一緒に広げていきましょう。

社会福祉法人協同福祉会　理事長
一般社団法人全国コープ福祉事業連帯機構　理事
大國康夫
社会福祉法人協同福祉会　常勤理事
高橋　永

　私たちは、介護福祉士養成課程で介護の考え方とケアスキルを教えてきました。そんな私たちにとって「生協10の基本ケア®」はとてもわかりやすく、介護を学ぶ学生たちにも理解しやすいように整理されています。
　また、現場の介護職員には、「生協10の基本ケア®」を軸に据えることでバラバラになりがちな考え方とケアスキルを統一しようという機運が生まれてきました。業務の標準化や働きがいのある職場づくりにも、大いに役立っています。
　在宅の利用者と家族にとっては、「お世話型」介護からできることを増やす介護へとシフトし、徐々に明るさを取り戻しています。
　本書は、タイトルの通り、従来の介護イメージをポジティブにアップデートするものです。ぜひ、元気なうちから「生協10の基本ケア®」を学び合い、将来に備えましょう。

大阪健康福祉短期大学　名誉教授　川口啓子
大阪健康福祉短期大学　福祉実践研究センター長　小田　史
大阪健康福祉短期大学　福祉実践研究センター特任准教授　上山小百合

　「生協10の基本ケア®」は、一人ひとりの「くらし」を大切にする立場から生まれました。老いによってそれまでのくらしができなくなったとき、「その人らしいくらし」とその人ができることの差をどうサポートするか、という発想で行う介護の技術と体系…こう聞くと介護する側が大変では？と感じますが、「生協10の基本ケア®」を実践している現場の方々から、実は介護する側も負担が軽減されるのだとうかがいました。それは、人が本来もっている「力」を介護の関係の中に取り込んでいるからではないか、と考えています。
　そんな「生協10の基本ケア®」は、介護が必要となる前から、いわば備えとして役立つ視点を提供しますし、介護サービスを選ぶ際の参考にもなると思います。この本を通して、多くの方に「生協10の基本ケア®」を知っていただくこと、そして私たちが提起する「人生の最期までその人らしく生きられる社会」を考えるきっかけにもなれば、と考えています。

一般社団法人全国コープ福祉事業連帯機構　代表理事　二村睦子

ABOUT US

一般社団法人　全国コープ福祉事業連帯機構

私たち全国コープ福祉事業連帯機構（略称：コープ福祉機構）は、2022年に創設されました。生協と、生協を母体に設立された社会福祉法人が参加する事業支援団体で、現在47社員（50法人）が参加しています（2025年2月28日現在）。

参加法人同士の学び合いを基礎とし、「生協10の基本ケア®」のブランド化、介護人材の確保と育成、経営ノウハウの取得・共有化などの各種協同事業を展開します。

OUR VISION

わたしたちがめざす 3 つのこと

誰もが安心して自分らしくくらし続けることのできる地域づくりに貢献することが、わたしたちの使命です。

1 自分らしく、くらし続ける

介護を受ける人・する人がともに「自分らしい、ふつうの生活」を続けていけることが大切と考えています。生協の介護では、「生協10の基本ケア®」を軸に、生活の質・人生の質（Quality of Life）を上げ、笑顔を広げる取り組みをすすめています。

2 くらしやすい地域を、つくる

近隣の人たちが高齢者を見守る・交流の場をもつなど、介護や福祉の視点で、誰もとりのこさない、老いや介護を前向きにとらえられる地域づくりをすすめます。

3 生協の総合力で、くらしに貢献

生協グループでは、宅配や店舗、共済、医療、そして福祉の分野で、くらしを支える取り組みに挑戦しています。こうした事業と豊かな組合員活動を有機的に連携させ、くらしを支えていきます。

生協 みんなの介護・くらしラボ を活用しよう！
https://coopwelfare.or.jp/lab/

介護にまつわる役立つ情報が満載！
実践的なプロの技や介護の基本的な知識、工夫やアイデアなどを「レシピ」として公開しています。
たくさんの「レシピ」から、知りたい知識や気になるアイデアを探して活用してみましょう！

一般社団法人全国コープ福祉事業連帯機構
https://coopwelfare.or.jp/

設立：2022年6月17日
住所：東京都渋谷区渋谷 3-29-8 コーププラザ 11F　　電話：03-5778-8107

協力団体一覧
- 市民生活協同組合ならコープ
- 大阪よどがわ市民生活協同組合
- 福井県民生活協同組合
- 日本生活協同組合連合会

監修
一般社団法人 全国コープ福祉事業連帯機構

編著／「生協10の基本ケア®」スタートブック編集委員会

市民生活協同組合ならコープ
- 吉田　由香（よしだ　ゆか）　　　理事長

社会福祉法人 協同福祉会
- 大國　康夫（おおくに　やすお）　　理事長
- 高橋　永（たかはし　ひさし）　　　常勤理事
- 有山富士美（ありやま　ふじみ）　　評議員
- 板澤　英子（いたざわ　えいこ）　　評議員
- 牛谷　光子（うしたに　みつこ）　　評議員
- 木下　智子（きのした　ともこ）　　評議員
- 渡辺　早苗（わたなべ　さなえ）　　評議員

大阪健康福祉短期大学
- 川口　啓子（かわぐち　けいこ）　　名誉教授
- 小田　史（おだ　ふみ）　　　　　　福祉実践研究センター長
- 上山小百合（うえやま　さゆり）　　福祉実践研究センター特任准教授

介護のイメージ アップデートしませんか
知っておきたい「生協10の基本ケア®」

2025年4月30日　初版発行

監　修●一般社団法人 全国コープ福祉事業連帯機構
編　著●「生協10の基本ケア®」スタートブック編集委員会
発行者●田島英二
発行所●株式会社 クリエイツかもがわ
　　　　〒601-8382 京都市南区吉祥院石原上川原町21
　　　　電話 075(661)5741　FAX 075(693)6605
　　　　https://www.creates-k.co.jp
　　　　郵便振替　00990-7-150584

装丁・デザイン●菅田　亮
印刷所●モリモト印刷株式会社
ISBN978-4-86342-388-6 C0036　　　　printed in japan

本書のコピー、スキャン、デジタル化等の無断複製は著作権法上での例外を除き禁じられています。本書を代行業者等の第三者に依頼してスキャンやデジタル化することは、たとえ個人や家庭内での利用であっても著作権法上認められておりません。

好評既刊本　　　　　　　　　　　　　　　　　　　　　　　　　定価表示

あなたの介護は誰がする？
介護職員が育つ社会を
川口啓子／著

あなたのピンピンコロリはかないますか？ 介護をめぐる最も深刻な問題、それは介護職員不足。国家資格である介護福祉士の養成校は激減、専門職の育成は窮地に立たされ、人手不足が続く施設・事業所の撤退は相次ぎ……。 家族介護は終わらない？!

2刷　1870円

老いる前の整理はじめます！
暮らしと「物」のリアルフォトブック
NPO法人コンシューマーズ京都／監修　西山尚幸・川口啓子・奥谷和隆・横尾将臣／編著

最期は「物」より「ケア」につつまれて——自然に増える「物」。人生のどのタイミングで片づけはじめますか？ 終活、暮らし、福祉、遺品整理の分野から既存の「整理ブーム」にはない視点で読み解く。リアルな写真満載、明日に役立つフォトブック！

3刷　1650円

ひとり暮らし認知症高齢者の「くらし」を考える
継続と限界のはざまで
中島民恵子・久保田真美／著

ひとり暮らし高齢者になる時期が近づき自身の未来を考え始めている人、遠方に住むひとり暮らしの家族を心配する人、そして日々ひとり暮らし認知症高齢者と向きあう介護・福祉・医療の専門職、支援者必見！

2420円

実践！認知症の人にやさしい金融ガイド
多職種連携から高齢者への対応を学ぶ
一般社団法人日本意思決定支援推進機構／監修　成本迅・COLTEMプロジェクト／編著

認知症高齢者の顧客対応を行う金融機関必携！ 多くの金融機関が加盟する「21世紀金融行動原則」から、金融窓口での高齢者対応の困りごと事例の提供を受け、日々高齢者と向き合っている、医療、福祉・介護、法律の専門職が協働で検討を重ねたガイド書。

3刷　1760円

必携！認知症の人にやさしいマンションガイド
多職種連携からみる高齢者の理解とコミュニケーション
一般社団法人日本意思決定支援推進機構／監修

「困りごと」事例から支援や対応のポイントがわかる。居住者の半数は60歳を超え、トラブルも増加しているマンション。認知症問題の専門家とマンション管理の専門家から管理組合や住民のみなさんに知恵と情報を提供。

1760円

認知症になってもひとりで暮らせる
みんなでつくる「地域包括ケア社会」
社会福祉法人協同福祉会／編

医療から介護へ、施設から在宅への流れの中で、これからは在宅（地域）で暮らしていく人が増えていく。人、お金、場所、地域、サービス、医療などさまざまな角度から、環境や条件整備への取り組みをひろげる協同福祉会「あすなら苑」（奈良）の実践。

1320円

人間力回復
地域包括ケア時代の「10の基本ケア」と実践100
大國康夫／著

施設に来てもらったときだけ介護をしてればいいという時代はもう終わった！ あすなら苑の掲げる「10の基本ケア」、その考え方と実践例を100項目にまとめ、これからの「地域包括ケア」時代における介護のあり方、考え方に迫る。

6刷　2420円

https://www.creates-k.co.jp/

好評既刊本

定価表示

高齢期を楽しく暮らす
高齢者を診る医師の提案
中村重信・梶川 博／編著

病気や機能の衰えとともにあるあなたのストーリーをつくって生きよう！
長きにわたり、高齢者診療に取り組んできた著者が語る医療現場の現状・課題から、高齢社会を生き抜くヒントを探る。　　　　　　　　　　　　　　　　　2200円

まるちゃんの老いよボチボチかかってこい！
丸尾多重子／監修　上村悦子／著

兵庫県西宮市にある「つどい場さくらちゃん」。介護家族を中心に、さまざまな職種・立場の人が、いつでも集まって語り合い、笑って、泣いて「まじくる（交わる）」場として活動を続けて20年。ある日突然、介護する側から介護される側に！ 立場がかわってわかったことや感じたこと、老いを受け入れることの難しさ、大切さを語る。　　　　2200円

A-QOA（活動の質評価法）ビギナーズガイド
認知症のある人の生活を豊かにする21の観察視点と20の支援ポイント
小川真寛・白井はる奈・坂本千晶・西田征治／編著

支援者の「活動の意義や成果を示したい」をかなえ、本人の心が動く活動の「いい感じ！」を数値化できる！ 作業療法士が開発した活動の質評価法。より充実した活動支援の検討ができ、結果的にセラピーやケアの向上も期待できる評価法の入門書。　　　　　3080円

よいケア文化の土壌をつくる
VIPSですすめるパーソン・センタード・ケア第2版
ドーン・ブルッカー　イザベル・レイサム／著　水野 裕／監訳　中川経子・村田康子／訳

認知症ケアの理念「パーソン・センタード・ケア」。調査研究で明らかになった、よいケア文化の重要な特徴7項目を新たに示した、実践に役立つガイドブック第2版！
〈VIPSフレームワークシート付き〉　　　　　　　　　　　　　　　　　2640円

高齢者介護福祉従事者のストレスマネジメント
支援者支援の観点にもとづく対人援助職の離職防止とキャリア形成
松田美智子・南彩子・北垣智基／著

離職防止とキャリア形成の具体的方策――感情労働であるがゆえに疲弊している支援者が、自分自身のおかれている状況を振り返って、改善の方法を考え、跳ね返していく力を身につけ、余裕をもって支援ができれば、利用者へのサービスの質の向上につながる。　　　2200円

老いることの意味を問い直す　フレイルに立ち向かう
新田國夫／監修　飯島勝矢・戸原玄・矢澤正人／編著

65歳以上の高齢者を対象にした大規模調査研究「柏スタディー」の成果から導き出された、これまでの介護予防事業ではなしえなかった画期的な「フレイル予防プログラム」＝市民サポーターがすすめる市民参加型「フレイルチェック」。「食・栄養」「運動」「社会参加」を三位一体ですすめる「フレイル予防を国民運動」にと呼びかける。　2420円

食べることの意味を問い直す　物語としての摂食・嚥下
新田國夫・戸原玄・矢澤正人／編著

医科・歯科・多職種連携で「生涯安心して、おいしく、食べられる地域づくり」「摂食・嚥下ネットワーク」のすぐれた事例紹介！ 医科・歯科の臨床・研究のリーダーが、医療の急速な進歩と「人が老いて生きることの意味」を「摂食・嚥下のあゆみとこれから」をテーマに縦横無尽に語る！　　　　　　　　　　　　　　　　　　2420円

2刷

https://www.creates-k.co.jp/

好評既刊本

定価表示

生きるを励ますアート　五感・マインドフルネス・臨床美術
関根一夫／著

絵を描くことで脳の活性をすすめる認知症リハビリ・プログラムとして始まった「臨床美術」。牧師でありカウンセラーの著者が、カウンセリングの場で起きていること、自身のライフワークであるマインドフルネス研究の観点から「五感による感じとり」をキーワードに、アートの力と臨床美術の役割を解き明かす。

2420円

居場所づくりから始める、ごちゃまぜで社会課題を解決するための不完全な挑戦の事例集
濱野将行／編著　高橋智美・上田　潤・萩原涼平・橋本康太／著

社会の孤立・孤独に居場所づくりで挑戦する若者。何がきっかけで始めたのか、一歩目はどう踏み出したのか。どんな事業をおこない収益はどうなっているのか……。答えがまだない挑戦の「はじめの一歩」事例集。

1980円

絵本 こどもに伝える認知症シリーズ 全5巻
藤川幸之助／さく

認知症の本人、家族、周囲の人の思いやつながりから認知症を学び、こどもの心を育てる「絵本こどもに伝える認知症シリーズ」。園や小学校、家庭で「認知症」が学べる総ルビ・解説付き。

ケース入りセット 9900円（分売可）

『赤ちゃん キューちゃん』　宮本ジジ／え　　1980円

おばあちゃんはアルツハイマー病という脳がちぢんでいく病気です。子育てしていた若いころが一番楽しかったおばあちゃんは、セルロイド人形のキューちゃんといつも一緒です。孫の節っちゃんから見たおばあちゃんの世界や家族のかかわりとは、節っちゃんの思いや気づきとは…。

『おじいちゃんの手帳』　よしだよしえい／え　　1980円

このごろ「きみのおじいちゃんちょっとへんね」と言われます。なぜ手帳に自分の名前を何度も書いてるの？ なぜ何度も同じ話をするの？ でも、ぼくには今までと変わらないよ。

『一本の線をひくと』　寺田智恵／え　　1980円

一本の線を引くと、自分のいるこっち側と関係ないあっち側に分かれます。認知症に初めてであって、心に引いた線はどうかわっていったでしょう。これは認知症について何も知らなかったおさない頃の私の話です。

『赤いスパゲッチ』　寺田智恵／え　　1980円

おばあちゃんと文通をはじめて4年たった頃、雑に見える字でいつも同じ手紙としおりが送られてくるようになりました。まだ59歳のおばあちゃん、わたしのことも、赤いスパゲッチのことも忘れてしまったの？

『じいちゃん、出発進行！』　天野勢津子／え　　1980円

ある日、車にひかれそうになったじいちゃんの石頭とぼくの頭がぶつかって、目がさめるとぼくはじいちゃんになっちゃった!? スッスッと話せない、字が書けない、記憶が消える、時計が読めない……。お世話するのがいやだった認知症のじいちゃんの世界を体験したぼくと家族の物語。

https://www.creates-k.co.jp/